Copyright © 2018, Nathan ALAWI

Bibliothèque nationale de France

Dépôt légal - Livres
Quai François Mauriac
75706 Paris Cedex 13

Maximiser votre temps Partie 1
MVT – 1
04/11/2018
EAN 9782956641100

Si ce livre vous a touché ou que vous voulez apporter une contribution quelconque vous pouvez m'écrire à l'adresse suivante. Votre histoire et votre avis m'interressent.

nathan.alawi@maxlife.fr

Maximiser votre TEMPS

Découvrez votre plus grand trésor

Partie 1

Le sens de votre vie

Remerciements

Ce livre a vu le jour grâce à la collaboration et au soutien de plusieurs personnes.

Je remercie particulièrement Adélaïde NOEL et Nathalie LARISSE qui ont consacré leur temps et leur énergie dans la relecture du premier jet du livre afin de vous livrer un meilleur contenu.

Je remercie aussi mon ami Nicolaine AGOFACK qui a apporté un œil critique au contenu et aussi la présentation du livre.

Un grand merci à mon graphiste Jérôme LABONNE qui a su représenter l'image du contenu.

Merci à mon cher ami Éric MANIRAKIZA pour son soutien et ses encouragements.

Je dois un grand merci au Dr Sunday ADELAJA qui a été une grande source d'inspiration dans la rédaction de ce livre, dont les enseignements et les livres ont bouleversé ma manière de penser.

A vous tous et toutes qui contribuent à ma vie.

Dédicace

A ma bien-aimée et princesse qui m'a soutenu dans la concrétisation de ce projet.

A toute ma famille, mes parents et amis qui contribuent à mon évolution et font de moi ce que je suis en train de devenir.

A mon Cher Créateur qui nous aime infiniment !!!

Préface

I want to congratulate everybody that will have the opportunity to get a hold of this book Nathan Alawi wrote.

These are time-tested principles that have been used by me personally here in Ukraine and in my ministry. They will definitely work to be a blessing to anybody who will apply these same principles in their lives.

Mr Alawi has done a great job going through my teachings and putting them down in a helpful manner to all our French speaking brethren. I hope this will act as a seed to the French speaking world before all my other books are translated to French.

I also hope it will help bring the Kingdom of God down to all the French speaking nations of the world.

Thank you so much to Nathan Alawi for all the efforts he has put in making this work a reality.

Blessings.

Dr. Sunday **ADELAJA**,
Founder, Senior Pastor, Embassy of God Church, Kiev, Ukraine

Introduction générale

Le titre de ce livre, peut vous amener à vous demander ce qu'il y a de nouveau à découvrir sur le temps. D'une certaine manière vous avez raison parce que le but de ce livre est tout autre. Il n'est pas un livre traditionnel de gestion ou du management du temps. Il est conçu dans l'objectif de vous amener à une perception claire et précise de votre temps aussi bien à long et à court terme en prenant vos responsabilités à l'utiliser convenablement.

Savez-vous que vous pouvez être très occupé à « gérer efficacement » votre temps au quotidien d'une manière millimétrée pourtant si l'on regarde votre vie dans son ensemble vous êtes totalement à côté de la plaque ?

Maximiser votre temps va bien au-delà d'avoir un calendrier rempli d'activités. Vous ne pouvez pas juste vous consoler parce que vous vous occupez dans la journée. Ce livre vous permettra de vous confronter à votre réalité et de découvrir comment optimiser votre temps. Le monde dans lequel nous vivons est «fast», tout va vite et on peut facilement perdre de vue sur les choses qui comptent le plus. Il est très facile de se focaliser sur les choses secondaires tout en se convainquant de bien faire.

Il y a des moments dans la vie d'une personne où elle doit prendre du recul par rapport à ses activités pour réévaluer ses priorités. Ce livre vous pousse à avoir une telle réflexion pour une vie productive et remplie de sens sur la terre. Lisez-le jusqu'à la fin pour y découvrir tous les trésors.

Toutes les idées reçues ont toujours des résultats médiocres. Si voulez que votre vie ait un sens véritable, vous devez vous appliquer vous-même à bâtir votre vie sur vos propres valeurs et vos principes, assumer vos responsabilités par rapport à tout ce qui peut vous arriver. La vérité est que plusieurs personnes ont perdu leurs vies en faisant des choses qui ne leur amènent nulle part. Beaucoup de personnes sont en train de perdre des heures précieuses en faisant des choses qui ne correspondent pas à leurs buts et à leurs passions. Ces personnes se sentent comme prises au piège dans leurs emplois, il leur est difficile de changer et de poursuivre leurs buts parce qu'elles ont le sentiment que c'est trop tard. D'autres ont perdu une bonne partie de leurs vies parce qu'ils ont continué à remettre les choses à plus tard. Ils ont perdu l'habileté à gérer leur propre emploi du temps.

Le temps est-il si important ?

Le temps est la ressource la plus importante que tout être humain a reçue comme bénédiction. Cette ressource a été donnée à tous de manière équitable : nous avons tous 24 heures. Le temps peut être converti en produits tangibles ou intangibles en biens ou services. Les organisations, les relations, la famille, les innovations, les œuvres artistiques comme les tableaux peints, les voitures, les maisons, les films, les diplômes, les livres… sont tous le produit du temps parce que le temps a été investi dans le processus pour créer ces produits.

Tout ce qu'on peut voir est le produit du temps. Prenons l'exemple d'une maison : il a fallu à un architecte du temps pour penser, imaginer et mettre sur papier le plan après avoir écouté le maître d'ouvrage qui peut être soit un particulier ou un promoteur immobilier. Il a fallu ensuite du temps à l'ingénieur du bureau d'études d'évaluer la structure de cette maison, de calculer la charge que va supporter le sol sur lequel la maison va être construite, de proposer les dimensions de la structure, le type de fondation, de faire les plans de coffrage et de ferraillages, de choisir le type de matériau à utiliser. Il a fallu au géologue du temps pour faire la reconnaissance du terrain afin de savoir quel type de fondation construire pour que l'ouvrage tienne même en cas de secousse sismique. Il a fallu du temps à l'entreprise de construction pour organiser le chantier, faire la mise en place, et construire les différentes parties de la maison. Il a fallu du temps au contrôleur de s'assurer de la conformité de l'ouvrage par rapport aux cahiers de charges. Il a fallut du temps pour coordonner les différentes parties prenantes dans la construction pour s'assurer du bon déroulement des travaux jusqu'à la réception de l'ouvrage. Il a fallu du temps aux architectes intérieurs pour vous donner un endroit agréable et paisible à vivre. Même les matériaux qui sont utilisés pour la construction : le sable, le gravier, l'eau, le ciment qui vient d'un long processus de fabrication, le bois, le fer, les engins, et tous les autres éléments ; il a fallu du temps pour chercher ces éléments, ou les fabriquer, les stocker, les transporter. Lorsque vous achetez une maison, vous avez payé le temps que toutes ces personnes ont dépensé dans le processus.

Une personne qui a 50 ans a déjà dépensé plus de 438000 heures de sa vie. Donc perdre une heure de son temps c'est perdre une heure de sa vie. En réalité votre vie est une somme de vos heures. Si vous voulez vraiment accomplir le but de votre vie, vous devez prêter attention à la manière dont vous gérez votre temps. Chaque seconde et chaque minute qui passent sont très importantes parce qu'elles constituent votre vie réelle. Quand une seconde passe c'est votre vie qui est en train de passer. La première étape importante pour maximiser les années de votre vie est de développer une sensibilité par rapport au temps et le valoriser comme un trésor.

Si vous prenez le temps à la légère alors vous gaspillerez votre vie mais si vous honorez votre temps, alors vous le maximiserez.

Vous ne pouvez pas arrêter le temps, ni le stocker, ni le placer dans un endroit comme on peut le faire pour une voiture ou de l'argent par exemple. Le temps n'attend personne, il s'envole. Vous pouvez arrêter ou repousser les choses concernant votre vie mais le temps ne s'arrête jamais, il ne fait pas de pause. Nous devons comprendre que la vie nous donne 24 heures tous les jours. Ce temps ne peut être stocké ni préservé alors c'est à nous de l'utiliser ou de le gaspiller. Nous devons apprendre à utiliser le temps et le contrôler pour qu'il nous serve. Notre attitude à son égard doit donc changer alors commençons à le valoriser. Hier est parti et ne reviendra plus. Il y a un temps où vous étiez enfant, un temps de la jeunesse et un temps de l'âge adulte. Et vous ne pouvez pas revivre le temps qui est déjà passé. Bien que le temps soit une denrée rare et une ressource extrêmement chère, il nous a été donné gratuitement sans qu'on ait payé pour l'acquérir. Il coûte tellement cher que personne ne peut le payer, ni vous, ni moi, peu importe vos richesses sur la terre.

« Hier n'est plus, demain n'est pas encore. Nous n'avons qu'aujourd'hui. Commençons[1] ». **Mère Theresa**

Ce n'est pas encore la fin :

Si vous voulez maximiser votre temps, ce que vous pouvez faire c'est vous focaliser sur les 24 heures que vous possédez aujourd'hui et les maximiser. Dans un premier temps vous devez vous réveiller et sortir de vos regrets : aussi longtemps que vous vivez, vous avez du temps et vous pouvez faire de grandes choses avec ce que vous avez.

«Oui, pour tous ceux qui sont associés aux vivants, il y a de l'espérance. Même un chien vivant vaut mieux qu'un lion mort.» **Salomon le sage**[2]

Aussi longtemps que vous vivez, il y a de l'espoir pour vous. Vous n'êtes pas un échec parce que vous avez échoué. Vous échouez seulement lorsque vous ne vous relevez pas après votre échec. Oublier le passé est nécessaire et arrêter de vivre dans le regret est primordial. Nous devons seulement nous focaliser sur les 24 heures d'aujourd'hui.

Aussi longtemps que vous vivez, il y a de l'espoir pour vous. Vous n'êtes pas un échec parce que vous avez échoué. Vous échouez seulement lorsque vous ne vous relevez pas après votre échec. Oublier le passé est nécessaire et arrêter de vivre dans le regret est primordial. Nous devons seulement nous focaliser sur les 24 heures d'aujourd'hui.

La clé c'est utiliser chaque mesure du temps de votre vie pour investir. Vous devez éviter de faire le strict minimum ou des efforts médiocres. Au lieu de cela vous devez intentionnellement investir le maximum et le meilleur de votre temps. Chaque jour, vous devriez être capable de dire ce que vous avez fait de tangible avec les 24 heures. Si le temps que vous avez passé n'a pas fait de vous une meilleure personne ou rendu la vie de quelqu'un d'autre meilleure, alors cette heure de votre vie a été perdue.

Il est donc important de changer votre manière de penser, votre attitude, vos habitudes et votre programme mental qui sont responsables de votre situation actuelle par rapport au temps. Vous devez avoir une volonté ferme de changer, parce que vous ne pouvez pas avoir les mêmes résultats si vous faîtes les choses de la même façon. Si vous ne changez pas les attitudes qui ont entraîné la perte de votre temps, alors vous continuerez à gaspiller votre vie.

Ce livre va bouleverser votre manière de penser et si vous n'êtes prêts à aller loin, je vous conseille de vous arrêter ici et le fermer. Si vous êtes satisfait de votre vie alors vous pouvez abandonner la lecture. Si par contre, vous désirez quelque chose de nouveau ou un changement alors avancez et continuez la lecture. Dans les lignes qui suivent, je partagerai avec vous 5 clés qui vous permettront de maximiser votre **T.E.M.P.S.** La première partie du livre comporte deux grands chapitres : **TROUVEZ** LE SENS DE VOTRE VIE, **EMBRASSEZ** VOTRE DIFFERENCE. La seconde partie est divisée en 3 chapitres : **MAXIMISEZ** VOTRE VIE, **PERDEZ** DU POIDS et **SUIVEZ** LE KAIROS.

Chaque chapitre est compréhensible indépendamment mais nous vous conseillons de suivre les chapitres dans l'ordre si vous voulez avoir une vue globale.

Chapitre 1

TROUVEZ le sens de votre vie

« L'essentiel n'est pas de vivre, c'est d'avoir une raison de vivre »

Jean **GIONO**

Le cimetière est une mine d'or : remplie de riches idées, de grandes entreprises, d'excellentes découvertes, des meilleurs œuvres musicales, des pièces de théâtres magnifiques, des œuvres littéraires extraordinaires... Personne n'a jamais entendu parler de toutes ces œuvres dans le monde ; elles ont été enterrées avec les personnes qui avaient été créées pour les accomplir.

Plusieurs personnes devant apporter leurs contributions sur la terre des vivants pour le développement et le bien-être de l'humanité sont enterrées dans les cimetières. Elles étaient nées pour changer leur Monde. Cependant, elles n'ont pas découvert le but de leur vie. Elles n'ont pas cru aux rêves et aux visions qui étaient enfouis à l'intérieur d'elles-mêmes. Aussi, elles n'ont pas su écouter cette voix intérieure leur demandant de réaliser ces visions. Malheureusement, tous ces merveilleux rêves, idées et projets sont enterrés avec leurs auteurs. Ainsi le monde n'aura plus l'occasion de les voir au jour parce que les personnes qui étaient nées avec ces rêves, ces projets, des buts spécifiques à une période particulière sont mortes et enterrées.

Mais vous, vous êtes encore vivants ! Le cœur du Créateur et le cri de l'univers appellent : « Êtres humains ne raccourcissez pas vos vies ! Ne les réduisez pas à des vies monotones, remplies de routines ». Il convient de saisir l'opportunité de vivre sa vie en étant réellement dans le plan de sa destinée. Trouvez votre voie et poursuivez-la !

Un jour vous comme moi, nous mourons tous d'une manière ou d'une autre. Il peut s'agir d'une maladie cardiovasculaire, de cancer, ou paisiblement dans l'idéal. Pourtant, certaines personnes se suicident. C'est là une preuve qu'elles n'ont pas trouvé de sens à leurs vies. D'autres seront interrompues par un accident. Peu importe la cause, tous les hommes sont candidats à la mort. Aussi il est triste de constater que plus de 90% des personnes mourront sans avoir accompli leur mission sur terre. Je crois que vous faites partie de ceux qui vont défier ces statistiques.

S'il y a un appel sur votre vie, il n'a pas pour objectif de réaliser vos désirs. En effet, vous avez été façonnés pour un but particulier. Vous devez le découvrir avant de l'accomplir.

Le but ! C'est la raison pour laquelle vous existez. Dès que vous l'aurez découvert, vous devrez tout mettre en œuvre pour le poursuivre. Votre, temps, votre énergie, vos motivations doivent se recentrer sur le but. Peut-être avez-vous perdu du temps à poursuivre des choses qui ne font pas partie de votre but, ce serait une folie de continuer à poursuivre dans cette direction.

Plusieurs personnes poursuivent des voies qu'elles n'ont pas choisies. Il est alarmant de constater que le Créateur ne les a pas choisies Lui non plus. Ces personnes sont généralement sous l'influence de leurs familles, leurs enseignants, leurs amis. Ces derniers affirment qu'elles les «trouvent bien» dans cette voie. Confiante en leur jugement, elles n'ont pas pris le temps de chercher et trouver ce qui leur correspondent voire ce que Le Créateur aimerait qu'elles fassent.

« *Quand le but d'une chose est inconnu, l'abus est inévitable* ». Dr Myles Munroe

Je souhaiterais vous apportez une information qui pourrait tout changer dans vos perspectives. Êtes-vous conscient que vous volez à l'humanité tous les trésors et le potentiel que le créateur a placés et investis en vous ? En effet, vous privez toute la race humaine de votre unicité à résoudre un problème particulier. Quelqu'un a dit : « nous sommes tous comme une pièce de puzzle dans un plan global conçu par le Créateur ». Cela signifie que lorsque vous quittez cette terre sans avoir réalisé la partie qui vous revient, vous vous rendez donc responsable des obstacles que rencontrera la génération future pour accomplir la sienne.

Votre arrivée sur terre n'est pas un hasard. Le Créateur vous a façonné pour un but. Aussi, vous devez entrer en vous-même et faire des recherches pour découvrir le but pour lequel vous avez été créé. Pour cela vous devez d'abord répondre à la question « Qui suis-je ? ».

La vie en question :

Voici, un journaliste posait des questions à des passagers dans un aéroport.

Que considérez-vous comme la chose la plus désagréable sur la terre ?[3]

Plusieurs personnes donnèrent leurs réponses. La plupart tournant autour des actualités, les autres concernant le réchauffement climatique, Puis, vint une personne différente des autres. Elle avait l'air réfléchi et profond. Le journaliste se disait alors, qu'elle porterait une réponse qui sorte de l'ordinaire. Effectivement, L'homme lui répondit par une question : « Qui êtes-vous ? » Le journaliste répondit : « Je suis Matthias DUPONT ». L'homme répliqua « Non, ça c'est juste votre nom, mais vous, qui êtes-vous réellement ? » « Je suis un journaliste qui travaille pour une chaîne de télévision » « Non, ça c'est votre emploi, mais qui êtes-vous ? » « Je suis un être humain » « Non, c'est juste l'espèce à laquelle vous appartenez, qui êtes-vous ? » Le journaliste a finalement compris la question de cet homme et ne put répondre. Il ne savait que dire car il ne s'était jamais posé cette question. Alors l'homme lui répondit enfin « Voici la chose la plus désagréable sur la terre, vivre sans être conscient de qui l'on est ».

Combien de fois avez-vous rencontré des personnes lors d'une conférence d'un séminaire ou tout simplement un inconnu dans un lieu quelconque, cherchant à vous connaître. Les questions posés ressemblent généralement à : « Quel est votre nom ? » « Qu'est-ce que vous faîtes dans la vie ? » « Vous travaillez pour quelle boîte (entreprise) ? » Personne ne vous demande jamais qui vous êtes réellement. En réalité la question est esquivée parce que la plupart des êtres humains sur la terre ne se sont jamais posés cette question. À plus forte raison s'il fallait chercher la réponse. Au lieu de cela, ils préfèrent rester superficiels parce que c'est un exercice pénible. L'éducation nationale n'enseigne pas à trouver la réponse à cette question identitaire. De plus, même des grands scientifiques voire des professeurs renommés n'ont pas su répondre à la question pour eux-mêmes.

Découvrir votre identité est la clé pour trouver le sens de votre vie et accomplir votre mission.

Si vous n'êtes pas conscient de qui vous êtes, comment saurez-vous où vous devez aller ? Laissez-moi vous raconter l'histoire d'une femme qu'on va appeler Alice.

Alice est une femme qui vit dans une belle avenue d'une ville prestigieuse en Amérique. Elle a juste 50 ans et elle a toujours vécu une vie qui semble réussie et remplie jusqu'à ce qu'en un clin d'œil, tout ce qu'elle avait pris le temps à construire s'écroule. Alors, elle imagine qu'elle n'a plus de but pour vivre. Depuis l'âge de 16 ans Alice rêvait de vivre dans une belle maison. Elle désirait épouser un bon mari et voulait être une bonne mère. Elle a obtenu tout ce qu'elle désirait. Puis, elle a tout perdu. Son malheur commence le jour où son mari en rentrant du travail provoque une dispute. Le couple échange des paroles blessantes, et plus tard, ils divorcent. Le mari d'Alice quitte le domicile familial en lui laissant une grande et luxueuse maison sans aucun support financier. Elle se retrouve toute seule, sans emploi, sans famille, sans aucune ressource.

Ayant dévoué toute sa vie à son foyer, elle y avait trouvé du sens à sa vie.

Finalement elle ignore ce qu'elle doit faire de sa vie. Avoir une famille heureuse était le seul but de sa vie et sa seule raison de vivre. Elle aime son mari malgré tous les problèmes qu'ils ont eu dans leur relation. Elle avait fourni beaucoup d'efforts pour que son mariage réussisse.

La voilà maintenant qui marche le long de cette avenue tristement, le cœur brisé pensant que c'est la fin de sa vie. Elle a eu une famille, un mari, des enfants ; seulement aujourd'hui elle est seule et sans ressources. Elle ressent qu'on ne veut plus d'elle et se demande pourquoi elle vivrait plus longtemps.

Suite à ces circonstances douloureuses, Alice commence à se poser des questions existentielles. Pourquoi vivre encore ?

Une voix à l'intérieur d'elle lui pose cette question « Qui es-tu ? » « Pourquoi as-tu été créée ? » Alice s'examine alors : « Qui suis-je ? Suis-je l'ex-femme de quelqu'un ? Suis-je une femme au foyer ? Suis-je la mère de deux enfants ? Pourquoi suis- venue dans ce monde ? Est-ce que le but de ma vie était : me marier, avoir des enfants ? Y a-t-il d'autres buts à ma vie et comment les découvrir ? »

Par la suite, Alice décide de consulter des conseillers en développement personnel. Ces derniers lui ont appris comment définir des objectifs et les atteindre. Cependant, toujours insatisfaite, elle se demande quelle différence cela ferait-il de créer une entreprise florissante si elle risquait que tout perdre comme cela s'était produit pour son mariage ? Elle ne veut pas reproduire un échec. Puis un jour Alice découvre soudainement qu'elle doit se «trouver elle-même». Elle doit découvrir son véritable but sur Terre.

«La plus grande tragédie dans la vie d'un homme ce n'est pas la mort, mais une vie sans but». Myles Munroe

Pour reprendre le terme du Dr Myles Munroe, La tragédie dans le quotidien de plusieurs personnes consiste à vivre inconsciemment comme s'il s'agit d'un rêve. Elles se lèvent le matin, se brossent les dents, se préparent, vont à l'école, au travail ou vaquent à leurs affaires. Elles font tantôt une chose tantôt une autre. Elles courent pour rattraper le premier ou le dernier métro. Elles sont très occupées mais ne prennent jamais le temps de se poser la question sur leur identité.

Vous vivez dans une époque où tout s'accélère, vous êtes occupés à résoudre des problèmes dans vos entreprises et vous ne prenez pas le temps pour vous poser et répondre aux questions les plus importantes concernant votre vie et celle de votre famille. Vous n'imaginez même pas prendre le temps de remettre en question votre mode de vie jusqu'à ce qu'un jour, une situation chaotique s'opère dans votre vie. Ce n'est malheureusement qu'à ce moment-là que vous vous posez la question existentielle sur votre identité.

« Qui suis-je ? Qu'est-ce que je peux faire ? Pourquoi suis-je sur la terre ? D'où est-ce que je viens ? Où est-ce que je vais ? »

Si vous voulez vivre consciemment, et si vous voulez profiter pleinement de la vie et ne pas simplement perdre votre temps à effectuer des tâches de survie, vous devez répondre à ces questions. Elles concernent votre destinée. Vivre sans avoir répondu à ces questions vous laisse vide. Même si vous accomplissez de grandes choses, vous aurez un sentiment de manque à l'intérieur de vous.

Aujourd'hui, vous rencontrez tous les jours des personnes comme Alice, qui construisent leurs vies dans les affaires, le travail, la recherche, la famille, et qui ignorent ce que veut dire vivre une vie d'épanouissement. Ces personnes font simplement une chaîne d'activités qui ne connent aucun sens à leurs vies.

Vous avez été créé pour un but.

Prenons un exemple pour illustrer. Le téléphone a été fabriqué pour un but déterminé. Chaque téléphone possède un certain nombre de fonctionnalités. Les caractéristiques d'un ordinateur portable ou d'une tablette diffèrent de celles du téléphone. C'est pareil pour l'homm. Chacun d'entre nous a des traits de caractère uniques. Aussi, nous en avons besoin pour accomplir le but de notre vie. De même la science prouve que notre empreinte digitale est unique.

Je vous laisse découvrir 5 questions fondamentales dont les réponses donneront un sens à votre vie.

Qui Suis-Je ? Une question d'identité

«Vous êtes né sur cette terre avec un but défini et le monde entier a besoin de votre don». Sunday ADELAJA

Le monde a besoin de votre unicité. Si vous ne découvrez votre unicité, vous privez le monde d'un trésor unique. Que serait le monde Si Steve Jobs n'avait pas inventé son premier Macintosh ? Que serait le monde si nous n'avions pas l'iPad ou l'iPhone ? Que serait le monde si Ecison n'avait pas inventé la lampe électrique qui éclaire maintenant toutes les maisons ? Que serait le monde si les frères Wright n'avaient pas fabriqué le premier objet volant qu'on appelle aujourd'hui avion (Appareil Volant Imitant l'Oiseau Naturel) ? Et s'il n'y avait pas de connexion par internet ? Nous disons merci au Créateur pour la vie de toutes ces personnes qui ont laissé une marque sur la terre. Cependant, croyez que le monde perdra quelque chose si vous ne vous « trouvez pas » en répondant à cette question : «Qui suis-je ?».

Ignorez la réponse à cette question et vous deviendrez quelqu'un d'autre. Plusieurs personnes dans cette vie jouent des rôles qui ne leurs appartiennent pas. Ils prétendent être quelqu'un d'autre parce qu'ils n'ont jamais pris le temps de découvrir qui ils sont véritablement. Lorsque vous êtes ignorants de votre véritable personne, vous devenez ce qu'un membre de votre famille voire ce que la société veut que vous soyez. Vous vous habillez pour être accepté par les autres, Vous vous exprimez comme tel groupe de personnes, vous voulez être à la mode, vous pensez et agissez d'une certaine manière. Vous vivez avec le désir d'être approuvé par les autres parce que vous ne savez pas qui vous êtes. Vous portez les produits de marques non pas parce que vous en avez les moyens mais juste parce que vous voulez démontrer que vous êtes quelqu'un d'important. Vous voulez ressembler à une star de musique ou de cinéma parce que c'est la tendance du moment. Si vous ne faites pas l'effort de vous connaître, vous finirez par adopter l'image de quelqu'un d'autre.

Dès lors que vous ne réalisez pas qui vous êtes, vous ne pouvez pas commencer à vivre la vie que vous êtes supposé vivre. Un écrivain autrichien déclarait ceci « Celui qui se retrouve ne peut rien perdre dans ce monde. Celui qui a compris l'homme à l'intérieur de lui peut comprendre toute l'humanité». STEFAN ZWEIG. Si une personne réalise qui elle est, elle ne peut être blessée, humiliée ou offensée. Une telle personne n'est pas envieuse parce qu'elle connaît sa valeur. Elle ne peut perdre ni sa paix ni sa joie. Quand bien même elle perdrait son travail et ses moyens financiers, les circonstances extérieures ne pourraient pas toucher son être intérieur. Elle est bien trop consciente de sa valeur. Elle a confiance en sa faveur et sait que même si elle devait recommencer à zéro elle réussirait encore.

Jésus le Christ a donné la meilleure réponse à la question «Qui êtes-vous ?». Il répondait fréquemment aux autres : « Je suis le Pain de Vie ; Je suis la Parole de Vie, Je suis la Vérité, Je suis le Chemin, Je suis la Vie, Je suis le Bon Berger, Je suis la Porte, Je suis la Résurrection.» Il connaissait son identité, Il connaissait le but de Sa vie sur la terre. Cette connaissance de Lui-même lui a permis d'être focalisé sur son but depuis son enfance. Jésus n'était jamais distrait par les sollicitations de son entourage. Il n'a jamais essayé de vivre sur la base des standards des autres ou d'être guidé par leurs opinions. Il a poursuivi le but de Sa vie en amenant l'humanité au salut. Connaître qui vous êtes est l'information la plus importante que vous pouvez trouver sur vous-même. C'est cette connaissance qui vous garantit que vous n'êtes pas qu'un simple numéro de matricule sur la terre. Plus tôt vous trouverez les réponses à cette question et plus tôt votre vie sera productive et aura de l'impact sur la terre.

Par exemple, Steve Jobs a répondu à cette question très tôt dans sa vie. Voici sa réponse « je suis un homme qui veut enseigner aux ordinateurs à penser comme les hommes au lieu que ce soient les hommes qui pensent comme un ordinateur». Il a vécu sa vie comme un innovateur et un pionnier. Il a marqué l'histoire de l'humanité en créant Apple et Macintosh. Il est difficile d'imaginer un homme de classe moyenne, originaire d'une petite ville des Etats-Unis, devenir l'attention du monde entier à travers «Apple».

«Votre temps est limité, alors ne le perdez pas en menant la vie de quelqu'un d'autre. Ne soyez pas piégés par la dogme - ce qui veut dire vivre avec les résultats de la pensée d'autrui. Ne

laissez pas les opinions des autres influencer votre propre voix intérieure. Et surtout, ayez le courage de suivre votre cœur et votre intuition». Steve Jobs

Être conscient de qui vous êtes, vous témoigne de ne pas perdre du temps et de l'énergie sur les choses qui ne sont pas nécessaires. Quand vous savez qui vous êtes réellement vous n'êtes plus influencé par les rôles qui vous sont imposés par la société. Vous êtes immunisé face à la critique, vous n'avez plus peur du lendemain, vous n'avez pas à vous considérer moins bon ou meilleur que quelqu'un d'autre. À partir du moment où vous savez qui vous êtes, cette prise de conscience attire des personnes en toutes circonstances. L'objectif étant de supporter vos intentions et vos idées. Celui-là même qui dirige tout l'univers vous supporte.

Trouvez votre valeur

Développer un vrai et solide caractère et trouver des traits uniques qui vous définissent est la chose la plus fondamentale

Qui vous êtes n'est pas votre apparence physique. Même si vous avez une belle taille, une bonne corpulence, de beaux cheveux, des yeux et des lèvres bien dessinés. Peu importe votre beauté, vous n'êtes pas votre corps. Vous aurez beau essayer tous les produits cosmétiques pour ne pas vieillir, vous vieillirez quand même. Vous devez réaliser que l'image que vous voyez dans le miroir n'est pas le vrai vous, ce n'est que votre costume terrestre. Le vrai vous réside à l'intérieur. L'erreur commune que fait le monde c'est de vous identifier à votre apparence physique. Certaines personnes prennent des heures pour soigner leurs apparences extérieures et ne trouvent pas le temps pour développer l'être intérieur. Si vous ne savez pas qui vous êtes, ou, qui vous êtes supposé être, si vous négligez votre valeur intrinsèque, vous vous sentirez mal à l'aise lorsque vous ne serez pas à la mode ou à votre meilleur niveau.

Découvrir les traits uniques qui vous définissent et développer un vrai et solide caractère sont les fondements de votre personnalité. Ceux qui ont écrit leurs noms dans l'histoire de l'humanité ont surpassé des obstacles. Ils ne se sont pas arrêtés aux difficultés., Ils ont choisi de poursuivre jusqu'à ce qu'ils trouvent des solutions aux problèmes rencontrés. Ils ont appris à cultiver leur passion avec détermination. Ils ont poursuivi leurs visions. Jamais ils n'ont abandonné. Ils ont développé des qualités telles que l'endurance, la persévérance, une volonté à gagner en perfectionnant leur caractère. Ils ont combattu pour gagner la guerre à l'intérieur d'eux-mêmes contre les peurs, les restrictions et les échecs. Ils ne se sont pas intéressés à conquérir le monde mais plutôt à conquérir leur territoire intérieur. Finalement, ils écrivent l'histoire. Personne ne naît performant. Le succès demande de la préparation en développant un caractère solide. Si vous ne travaillez pas sur vous-même pour grandir et développer votre force de caractère, vous finirez par succomber aux opinions des personnes de votre environnement ou des standards imposés par la société.

Le développement de soi signifie partir à la une conquête de sa personne. Vous triomphez de vos peurs et vous surpassez vos limitations. Vous entrez dans un processus de recréation de votre être. Vous cultivez les traits de votre personnalité dont vous avez besoin pour accomplir le but de votre vie. Par conséquent, vous réussissez et vous libérez tout le potentiel enfoui en vous. Il faut de l'audace et du courage pour dépasser les opinions des autres ainsi que les mauvais schémas qui ont été plantés en vous dès l'enfance. Il vous faut avoir confiance pour croire que le rêve en vous est possible malgré les circonstances extérieures et l'avis des « spectateurs ». Par exemple, avez-vous déjà observé les spectateurs d'un match de football ? Pendant qu'ils ne font rien, ce sont eux qui remarquent les imperfections. Ils pensent savoir comment le joueur devrait exécuter son jeu pour marquer. Voyez comme c'est très facile de donner son opinion lorsqu'on ne joue pas le match.

Vous n'êtes pas une biomasse

Définition de biomasse

Vous n'êtes tout simplement pas une biomasse. Lorsqu'un être humain est éduqué uniquement à prendre soin de son corps et des aspects extérieurs de sa vie, il agit comme une biomasse. Vous avez été créé à l'image du Créateur pour lui ressembler. Sachez que vous devenez ce que vous pensez. Si vous ne créez pas intentionnellement et systématiquement de la valeur en vous alors vous n'êtes qu'une biomasse. Vous mangez, vous vivez, vous vous mariez, vous avez des enfants et vous mourrez. Vous pouvez porter de beaux habits, être à la mode, vous conformer aux standards que la société requiert mais, vous êtes et resterez toujours une biomasse et rien de plus. Vous vivez alors pour être accepté par la société et sur la base de ses instincts.

Observons un homme de type biomasse. Il essaie d'être en apparence une bonne personne mais à l'intérieur de lui il a peur d'être lui-même. Il craint d'exprimer son opinion en public. Une telle personne réagit seulement aux stimuli : le plaisir ou la douleur par exemple. Ses réflexes et ses instincts sont les seuls moteurs de sa vie. Il n'est ni logique ni réfléchi., Ne possédant pas d'esprit d'analyse il ne peut établir des conclusions. En bon imitateur, il répète seulement ce qu'il voit. Lorsqu'il voit des gens qui vont travailler, ou des gens qui se marient, il fait de même.

Un homme avisé, cherche d'abord à comprendre qui est son homme intérieur. Ainsi, il prend le soin se développer. En le faisant, des changements invisibles pour l'œil commencent à s'opérer, ce qui le conduit à changer ses valeurs et son caractère. Toutes ces choses viennent à travers une prise de conscience de soi et une éducation personnelle.

Votre don n'est pas ce que vous faites mais ce que vous êtes.

Chaque personne a été créée spécifiquement avec un don. La clé de votre réussite sur cette terre est de trouver le domaine dans lequel vous pouvez maximiser votre don. Votre don n'est pas ce que vous faites mais ce que vous êtes. Votre richesse se trouve dans votre don, c'est pourquoi si vous ne découvrez pas qui vous êtes, vous serez réellement pauvre. Le monde se mettra à votre recherche lorsque vous trouverez et développerez votre don.

Soyez vrai à votre rêve :Connaissez-vous l'écrivain

Paulo Coelho ? Dès l'âge de 7 ans il a développé le désir de devenir un écrivain. Ses parents considéraient son désir assez étrange. Sa mère lui a conseillé d'avoir un diplôme supérieur en ingénierie et après quoi, il pourrait devenir écrivain. L'enfant a répondu qu'il voulait juste être un écrivain et non un ingénieur qui écrit des livres. Sous la pression de ses parents il est allé à l'université pour avoir une vie tranquille et réussie. Il s'est inscrit à la faculté de droit, mais il a fini par abandonner. Ses parents n'ont rien pu faire face à sa détermination de poursuivre son rêve d'écrivain. Alors ils l'ont fait admettre dans un hôpital psychiatrique. Paulo Coelho a essayé de s'en échapper sans succès. En 1974, il a été envoyé en prison où il fut torturé. Pour sauver sa vie et sortir de prison, il a réussi à convaincre l'administration de la prison qu'il était fou. Malgré sa liberté physique, il lui a fallu des années pour se libérer de ses peurs et de ses chaînes mentales. Conscient d'être né pour écrire, il a poursuivi son rêve. Le thème principal de son deuxième roman « l'Alchimiste » traite essentiellement de l'obligation pour un être d'accomplir pleinement sa destinée Il déclare : *«Il y a une seule chose qui rend votre rêve impossible : c'est la peur de l'échec.»*

Qu'est-ce que je peux faire ? Comprendre le potentiel

Il est déplorant de savoir qu'avec plus de sept milliards d'individus sur la terre seulement une infime partie réalisera son véritable potentiel. Ne faites pas partie de ceux qui contribuent à la richesse des cimetières. Selon le Docteur Myles MUNROE : *« L'endroit le plus riche de la terre n'est pas les puits de pétrole en Arabie Saoudite ou au Moyen Orient, ni les mines d'uranium, d'or et de diamant et de tous les métaux précieux de l'Afrique. C'est à côté de chez vous, cela peut vous surprendre mais c'est dans vos cimetières. Le cimetière est l'endroit le plus riche de la terre, pourquoi ? Dans ces tombeaux bien ornés de l'extérieur se trouvent des rêves qui n'ont jamais été réalisés, des chansons qui n'ont jamais été chantées, des livres qui n'ont jamais été écrits, des tableaux artistiques qui n'ont jamais été peints, des inventions qui n'ont jamais été conçues, des idées jamais développées, des plans qui n'ont jamais été élaborés, des poèmes qui n'ont jamais été partagés, des entreprises qui n'ont jamais été créées, des buts jamais trouvés et accomplis,... Les porteurs sont morts avec tout le potentiel ; ils ont dérobé ce qui appartient à l'humanité. Ils ont vécu pour eux-mêmes et n'ont jamais libéré ces trésors pour servir leur génération. Quelle tragédie ! »*

Le mot potentiel est un mot dérivé du latin qui signifie «potentia» ce qui veut dire «force». Aujourd'hui ce mot est défini comme une opportunité cachée, une habilité, une force qui peut être sollicitée devant certaines circonstances. Le potentiel c'est une habileté, une capacité endormie en vous. C'est une force inexploitée, un succès non utilisé, ce sont des talents cachés. Le potentiel c'est tout ce que vous pouvez être mais que vous n'êtes pas encore. C'est aussi tout ce que vous pouvez faire mais que vous ne faites pas. Il y a une force, une énergie, une

Le potentiel est une puissance latente, en réserve en vous

habileté en vous que le monde n'a pas encore remarqué. Il y a des dons et des talents qui n'ont pas encore été utilisés et une puissance qui n'a pas encore été utilisée. Cela veut dire que nous avons quelque chose de valeur qui n'a pas encore trouvé son application dans cette vie. Tout ce que vous avez déjà fait jusqu'à présent n'est pas votre potentiel.

Le potentiel ne dépend pas de votre passé parce que tout ce que vous avez déjà accompli dans le passé n'est plus votre potentiel. Le CV qui est basé sur le passé ne constitue pas le potentiel. Le potentiel est une puissance latente, en réserve en vous. C'est pourquoi ce que vous ne pouvez pas faire ne doit pas vous empêcher de faire ce que vous pouvez faire. Si vous preniez n'importe quelle graine et que je vous demandais « ce que c'est ». Vous me diriez que c'est simplement une graine. Vous auriez peut-être raison d'une certaine manière parce que c'est un fait mais vous seriez aussi dans l'erreur. La vérité c'est qu'il y a plus qu'une graine. Pourquoi ? Dans chaque graine, il y a un arbre et dans chaque arbre il y a des fruits ou des fleurs avec des graines en eux. Ces mêmes graines ont aussi des arbres qui ont des fruits qui ont des graines, ainsi de suite. En vrai j'ai une forêt, ce que vous voyez n'est pas tout ce qu'il y a. C'est le potentiel. Le Créateur dans la genèse c'est-à-dire au commencement a créé chaque chose selon son espèce et Il a placé la semence de chaque chose en elle-même. Il a tout créé pour être multiplié, développé y compris les êtres humains.

Connaissez-vous votre don ?

Chacun d'entre nous possède des dons et des talents différents. Votre destination, votre don, vos qualités personnelles et votre potentiel sont tous liés. Quelqu'un qui se connaît sait automatiquement où il va. Vous êtes une personne unique qui n'a jamais vécu avant et qu'on ne verra pas dans le futur. Devenez vous-même. Trouvez en vous des traits et des qualités qui vous rendent unique. Dans la vie vous réussirez uniquement dans le domaine où vous avez des dons. Vous n'aurez d'influence et de pouvoir que dans le domaine dans lequel vous avez des dons et des talents. La clé de votre succès dans ce monde est de découvrir le domaine dans lequel vous devez exercer vos dons. Votre don n'est pas ce que vous faites mais ce que vous êtes vraiment.

Chacun d'entre nous possède une capacité à rêver, construire, innover et inventer, Quel est le potentiel qui réside dans un enfant de 3 kg qui vient de naître ? C'est un adulte de 1 m 95 avec 95 kg, c'est ce qu'on appelle le potentiel. Prenons un exemple banal : si vous pouvez observer votre tête, vous remarquerez que toutes les fois où vos cheveux sont coupés, ils repoussent pourquoi ? Il y a une énergie latente. Par le biais du questionnement, de la réflexion et l'éducation personnelle avec des objectifs orientés vous pouvez découvrir les trésors cachés en vous. Vous pouvez faire plus que ce que vous espérez si vous vous appliquez à développer certaines qualités et traits de caractère en vous. Même si vous êtes perdants aujourd'hui vous pouvez changer demain. Vous avez en votre pouvoir une arme efficace : le travail qui peut être spirituel, intellectuel, et physique.

Quiconque veut devenir grand dans ce monde et être influent doit être prêt à payer le prix pour se développer et se soumettre à son don. Autrement dit vous devez vous éduquer et vous dévouer entièrement à son développement. On peut prendre l'exemple de Thomas Edison qui travaillait environ 18 heures par jour. Il a inventé la meilleure version de l'ampoule électrique et a obtenu plus de 1000 brevets d'invention[4]. Il a su travailler diligemment et passer par la souffrance pour devenir la personne qu'il doit être. Peut-être que vous êtes plus talentueux potentiellement que Thomas Edison mais le monde ne vous connaîtra pas parce que vous ne vous êtes pas soumis à votre don. Vous n'avez pas passé des nuits blanches sur des manuscrits, vous n'avez pas travaillé durement jusqu'à l'épuisement, et à votre dernier souffle. Vous n'avez pas été assez courageux, vous n'avez pris aucun risque, vous n'avez pas dépassé vos limites.

Plusieurs d'entre nous ne réaliserons jamais qui ils sont parce qu'ils ne veulent pas souffrir et passer par des épreuves. Qui d'entre nous décidera consciemment de souffrir et de passer par l'inconfort ? Il est très facile de s'asseoir sur son canapé devant son écran de télévision et regarder un film, une série ou un match de football regardant les « stars » exercer leurs dons. Peut-être que vous vous sentez à l'aise maintenant mais c'est une sensation temporaire, à la fin vous finirez dans le regret. J'ose croire que ça ne sera pas votre cas. Tout ce qui semble amère et douloureux à notre nature humaine est plus bénéfique pour nous que ce qui nous cajole et nous conforte. Nous devons trouver notre don, nous focaliser à le travailler dans le labeur et la douleur jusqu'à ce qu'il soit perfectionné. Ne nous laissons pas distraire par quoi que ce soit. Lorsque nous parlons de douleurs, il s'agit de l'effort que vous faites.

La loi des 10 000 heures

Le neurologue Daniel Levitin dans un interview[5] affirme : *« Après plusieurs études nous sommes venus à cette règle suivante : quel que soit le domaine dans lequel vous choisissez de performer, pour avoir le niveau de compétence d'un expert de classe mondiale, vous avez besoin de 10 000 heures de pratiques. Quelle que soit la personne que vous prenez : un compositeur, un écrivain, un peintre, un pianiste, un joueur d'échec, ... il y a une régularité. 10 000 heures c'est approximativement 3 heures de pratique par jour, ou 20 heures de pratique par semaine pendant 10 ans. Personne n'a accompli de résultat grand en dessous de ce nombre».*

D. Levitin a repris Malcolm Gladwell qui est l'auteur de cette règle qu'il a vulgarisé dans son livre « Outliers ». Il soutient que l'expertise n'est pas un talent inné mais plutôt le fruit entrainement acharné.

Quelqu'un a dit qu'il y a 4 niveaux de capacité : l'incompétence, la compétence, l'excellence, la virtuosité. Pour surmonter l'incompétence vous avez besoin d'au moins 1000 heures de travail dans votre domaine. Pour atteindre l'excellence vous devez travailler jusqu'à 5 000 heures. La virtuosité est rare et vous devez avoir un talent naturel pour l'atteindre avec 10 000 heures de travail. Les scientifiques ont prouvé que les gens réussissent dans le domaine qu'ils considèrent comme leur hobby. Les hobbies sont des activités que les gens prennent plaisir à le faire pendant leur temps libre.

Focalisez-vous sur une seule chose à la fois, ne dispersez pas votre attention.

Concentrez tous vos efforts à faire une seule chose à la fois, et vous réussirez. Dans tout ce que vous faites donnez le meilleur de vous-même.

Le scénario le plus triste c'est quand vous ne connaissez pas le but de ce que vous faites dans la vie de tous les jours. Vous vous sentez comme si vous étiez juste une petite pièce d'une grande machine qui n'a pas de sens. Lorsque vous ne connaissez pas votre but dans la vie vous finissez par vivre la «rat race», une vie sans fin où tous vos efforts sont vains en essayant de vous échapper d'un labyrinthe. Vous vous essoufflez, viennent ensuite la dépression, la frustration et des tentatives de suicide. Si vous aviez ces pensées, au lieu de vous tuer faites quelque chose que vous aimez et qui contribuera à rendre la vie des autres meilleure. Vivant vous serez plus utile que mort.

Chacun de nous a le droit et peut décider de trouver le domaine dans lequel il a un don, ce qu'il aime faire et se dévouer à cette activité au lieu de travailler pour un salaire dans un travail qu'il n'aime pas. Quand vous trouvez un domaine dans lequel vous avez des dons, ce que vous êtes créés pour devenir alors vous n'aurez pas à travailler trop dur avec sueur pour réussir. Tous ceux qui ont laissé une marque dans leur génération ont choisi de faire ce qu'ils aiment faire, les choses qui les inspirent.

Découvrir votre don peut prendre du temps mais vous devez le faire si vous ne voulez pas vivre une vie ordinaire. C'est ainsi que votre vie aura un sens.

Pourquoi suis-je sur terre ? Une question du but

Cette question concerne le but de votre vie, votre destination. Je suis né avec une mission. Je suis né avec un but défini sur cette planète terre, je dois remplir ma mission, atteindre le but de ma vie. Je ne suis pas juste un être de chair. Je ne suis pas juste né avec le but de me marier, avoir des enfants et mourir. Les animaux peuvent aussi mettre au monde et ils peuvent avoir plus d'enfants que nous. Je ne suis pas né avec le seul objectif de prendre soin de mon corps, rechercher la beauté et porter de beaux habits. Je ne suis pas juste né pour construire de belles maisons ou avoir de bons diplômes, un emploi bien payé. Ma seule mission est d'identifier le but pour lequel je suis venu sur cette planète. Après l'avoir identifié, je m'applique à le réaliser et l'amener jusqu'au bout. C'est bien de construire une famille, avoir des enfants. Mais découvrir votre personnalité et le but de votre vie pour le bien de l'humanité est la chose la plus importante. Ce but est plus élevé que de créer une famille et avoir les enfants. Si vous n'avez pas trouvé le but de votre vie, que feriez-vous lorsque vos enfants vous quitteront une fois grands ? Allez-vous vous agripper à eux ? C'est ainsi que certains parents ont du mal à laisser leurs enfants les quitter. Certains enfants bien qu'ils grandissent physiquement, mentalement ils restent des adolescents ne pouvant pas devenir indépendants.

Exemples concrets de but

Vous pouvez devenir un père ou une mère modèle pour la société, un homme ou une femme de responsabilité et être une référence pour votre génération. Vous pouvez être millionnaire et transformer la vie de millions de personnes par la contribution de votre entreprise. Vous pouvez devenir riche et faire des dons aux œuvres sociales. Vous pouvez devenir un leader politique et améliorer les institutions de votre pays. Votre devoir est de trouver votre don et réaliser qu'il ne vous appartient pas. En plus, vous avez été appelés à servir l'humanité avec ce don. Vous êtes responsable de votre don et de tout le processus par lequel vous devez passer pour que ce don soit utile à un grand nombre de personnes. Tout ce qui existe a un but : plantes, animaux, oiseaux, reptiles, poissons… Ce n'est pas parce que vous ignorez le but de ces créatures que leur existence n'a aucun sens. De même le manque de connaissance à votre sujet ne signifie pas que vous n'avez pas de mission sur la terre.

Par exemple aucun organe dans votre corps n'est juste là pour une décoration, chaque organe à un but précis, une fonction spécifique. Si vous n'êtes pas conscient de votre propre but et de votre destination dans la vie, vous serez utilisé par quelqu'un d'autre. Une personne qui connait le but de sa vie, vous utilisera pour son but. Vous travaillerez pour les plans et les buts de quelqu'un d'autre. Vous pouvez juste vivre comme un petit chaînon d'un système d'une entreprise toute votre vie servant fidèlement votre patron et partir en retraite frustré sans n'avoir découvert ni accompli votre but.

J'ai entendu une histoire qui va vous surprendre : une fille avait acheté à sa mère qui était déjà grand-mère un ordinateur portable plat, tactile et d'une finesse remarquable. La grand-mère pensait que c'était un support pour écrire ses notes, car elle n'avait jamais utilisé un ordinateur auparavant. Un jour sa petite fille a remarqué qu'elle utilisait toujours cet ordinateur plat comme support pour écrire. Sa petite fille lui demanda : « Que fais-tu grand-mère ? » La grand-mère lui répondit que c'est un support que sa fille lui a envoyé et elle l'utilisait pour prendre note parce que la surface est bien lisse. La petite fille commença à rire aux larmes et elle expliqua à sa grand-mère que cet objet s'appelle ordinateur et qu'il sert à plusieurs choses dont taper un texte. A l'instant que la grand-mère sut qu'elle ignorait tout du fonctionnement d'un ordinateur et lui a demandé son aide.

Ne restez pas dans l'ignorance !

Quand vous ignorez le but d'une chose, vous l'utiliserez pour un objectif différent de l'intention originelle du créateur. Si vous ne connaissez pas le but de votre vie, vous aurez tendance à l'abuser. Vous pouvez être une personne sincère dévouant votre vie à votre femme ou votre mari, votre enfant ou votre patron, mais votre sincérité ne peut pas combler l'ignorance de votre but dans la vie. Vous êtes sincèrement dans l'ignorance.

Si vous voulez identifier le but d'une chose, vous avez besoin de demander au créateur. Pour savoir comment un objet fonctionne vous devez vous référer au manuel d'utilisation qui exprime la pensée du créateur à propos de son produit. La plupart des gens ne connaissent pas leur but et leur demander serait désastreux. Vous devez avoir un lien personnel avec le Créateur. Si vous voulez être conscient de votre destination vous devez demander l'aide à votre Créateur. Il y a une chose qui nous différencie des autres créatures, la voix intérieure. Cette voix intérieure s'appelle intuition. L'intuition est au-delà du champ de notre mental ou de notre réflexion personnelle. Cette voix d'une manière ou d'une

---

Quand vous ignorez le but d'une chose, vous l'utiliserez pour un objectif différent de l'intention originelle du Créateur.

---

autre connait le but de votre existence. Vous devez trouver un temps pour vous séparer des sollicitations quotidiennes et rester dans la présence de votre Créateur.

Acceptez-vous tel que vous avez été créé, n'imitez pas quelqu'un d'autre. Vous devez accepter qui vous êtes, la manière dont vous avez été façonné. Tout ce que Le Créateur a placé en vous a un but. Beaucoup de personnes ont peur d'être seuls avec eux-mêmes, ils veulent être en groupe pour satisfaire leurs passions émotionnelles. Qu'est ce qui nous rend difficile de faire face à notre monde intérieur ? Nous ne sommes pas prêts à faire face à nous-mêmes. Nous ne sommes pas conscients de notre véritable être. C'est seulement quand vous êtes dans la solitude avec Le Créateur qu'Il peut vous aider à vous ouvrir et vous montrer les impuretés qui vous empêchent d'avancer dans la vie, vous aider à les débarrasser de vous et pouvoir identifier votre don et votre destination.

Vous devez rester calme et écouter votre voix à l'intérieur de vous. Peut-être que vous avez un désir fort de faire une chose mais vous n'avez jamais pris le temps d'y réfléchir là-dessus. Une vie sans but est une vie monotone, ordinaire, frustrante et grise. Votre but donnera un sens à votre vie. Ne cherchez pas un homme pour qu'il vous dise le but de votre vie mais cherchez la réponse auprès de votre Créateur. Identifiez votre mission et votre don. Devenez le maître dans votre domaine. Servez les autres avec votre don.

Où suis-je en train d'aller ? Une question de destinée

Le système de ce monde ne nous encourage pas à vivre consciencieusement et devenir la personne que nous sommes destinés à être. Beaucoup de gens font juste partie du système. C'est d'ailleurs ce qui fait qu'ils vivent d'une manière automatique, comme des robots, travaillant jour et nuit jusqu'à prendre leur retraite vivant comme s'ils n'avaient pas de choix. Le système du monde a compris qu'il est facile de contrôler les gens de cette façon parce qu'ils ne sont pas conscients de leur destinée. Certains mêmes croient qu'ils sont une version améliorée d'un singe et vivent comme des biomasses, de simples animaux : être occupés, s'accoupler, avoir des enfants, manger, dormir, se distraire et mourir.

Quelles sont les conséquences d'une vie sans objectifs ?

Quand il n'y a pas une tâche spécifique, le subconscient de l'homme reste dans un état passif. Lorsque nous n'avons pas défini un objectif ou que l'objectif est flou, le subconscient interprète cela comme inexistant. Et il est difficile de trouver une solution à une chose qui n'existe pas. Le cerveau humain a deux parties : le conscient et le subconscient. Le conscient est responsable du processus de la prise de décision et le subconscient est celui qui cherche les moyens et les voies pour implémenter et réaliser l'objectif.

Notre subconscient c'est notre disque dur mais c'est le conscient qui crée une requête pour une information. Une partie de notre cerveau dit la tâche qu'il convient de faire et une autre partie pense à comment la réaliser. La première partie représente la volonté et la deuxième partie représente toutes les ressources illimitées que nous possédons. Le conscient définit les objectifs et le fait par la volonté et l'évaluation des résultats. Le subconscient ne définit aucun objectif, son but est d'aider à atteindre les objectifs qui ont été déjà définis. C'est pourquoi il est important d'avoir la foi quand il s'agit de votre destinée parce que le doute rend floue votre destination. Quand l'objectif est flou le subconscient ne sait pas quoi faire. Même connaissant ces vérités, il est important d'être connecté à son Créateur pour ne pas prendre une destination qui n'est pas la vôtre parce qu'un objectif doit être défini en fonction de notre destination.

Beaucoup de personnes vivent en ignorant comment ils ont été créés et détruisent leurs vies. Prenons l'exemple d'une jeune fille qui vit en ignorant qu'elle doit trouver le but de sa vie, c'est à dire devenir la personne qu'elle doit être. Si elle se focalise seulement sur le fait d'avoir un enfant ou de se marier, elle peut passer à côté de sa vie. En réalité le rôle de fiancée, d'épouse ou de mère, n'a rien avoir avec le but de sa vie.

Malheureusement beaucoup de jeunes filles comme elle vivent dans un monde d'illusion et aspirent à des choses au lieu de construire leurs vies. Pour elles le but de leur vie est de fonder une famille, c'est ce qui les pousse à considérer la recherche d'un mari comme le but de leur vie. Ces jeunes filles qui n'ont pas de maris ou d'enfant au lieu d'utiliser leur temps pour se connaître, se développer et réaliser leur potentiel en devenant de vraies personnalités, elles perdent leur temps à s'inquiéter, à déprimer ou à abriter des pensées selon lesquelles c'est une famille qui les rendra heureuses. Quand une femme a son enfant, elle n'a plus le temps pour relâcher son potentiel et développer sa personnalité. Trop de gens vivent sous l'influence de mauvaises croyances acceptées socialement et ils oublient ce qui est fondamental : se construire et devenir une vraie personnalité.

Toutes les personnes qui sont devenues importantes dans la vie, ont compris que la première priorité est de découvrir soi-même, son appel et ensuite dévouer toute sa vie à son accomplissement et toute chose viendra après. Benjamin FRANKLIN, un politicien et scientifique américain disait à ce propos : « Certaines personnes meurent à 25 ans mais ne sont pas enterrées avant 75 ans[6] ». Tant que vous ne vivez pas pour le but de votre vie, vous n'êtes pas en vie non plus.

Exemple d'une femme :

BENAZIR **BHUTTO**, la première femme de la république islamique du Pakistan à devenir premier ministre, élue à la tête du gouvernement a dit un jour : « *Il a été donné à toute personne de vivre une seule fois et tout le monde a le droit d'avoir une possibilité pour réussir si réellement nous sommes prêts à travailler dur*».

Né le 21 juin 1953, son père lui a élevé d'une manière différente des traditions islamiques. Son père a vu sa fille comme un futur parlementaire. Elle a étudié à l'université de Havard et elle a découvert que son but était d'apporter des réformes dans son pays en établissant un gouvernement démocratique dans le but de rendre meilleure la vie des autres.

Benazir a travaillé dur émotionnellement et mentalement pour atteindre son objectif. Elle a été courageuse quand elle était persécutée, réprimée et emprisonnée. Chaque jour de sa vie elle a vécu dans le but de rendre la vie de ses concitoyens meilleure. Connaissant sa destinée, elle a pu introduire des réformes dans l'éducation, la médecine et les institutions gouvernementales. Elle est morte dans un attentat terroriste après avoir laissé un héritage à son peuple. Le fait qu'elle connaissait sa destinée et qu'elle s'y est dédiée entièrement l'ait rendue enthousiaste pour les accomplir. L'objectif doit être aussi

réaliste : si vous n'avez pas de travail ou d'entreprise actuellement, il serait irréaliste de dire que vous allez gagner un million d'euros en une année. Vous devez fixer des objectifs en même temps ambitieux et atteignables. L'objectif doit être

temporel : il est important de fixer le temps auquel vous accomplirez votre objectif. Quand voulez-vous être millionnaire ? Dans une année, 2, 3, 5 ou 10 ans. Quelqu'un a dit qu'un objectif est un rêve avec un délai. Une fois que vous avez fixé vos objectifs, vous devez vous organiser pour vous assurer que chaque seconde de votre journée est remplie tellement de valeurs et vous conduit à transformer vos objectifs en réalité. Soyez réaliste en termes d'implémentation : ayez un cadre de vie avec des routines et des habitudes. Déterminez les actions à poser tous les jours pour atteindre vos objectifs. Transformez ces actions en routines. Touchez à vos objectifs tous les jours.

B. Rappelez-vous que vous ne connaîtrez pas tous les détails de votre mission :

Peut-être qu'aujourd'hui, vous ne savez pas si vous serez ministre de l'éducation ou pas mais vous savez simplement que votre appel est lié à l'éducation. Parfois c'est au fur et à mesure pendant le processus que vous aurez la réponse à la question « Où suis-je en train d'aller ?», quand vous êtes à la tâche. Et cela dépend aussi fortement de votre fidélité dans les petites choses, de la fidélité à ce qui est à autrui. Vous devez continuer à faire ce que vous êtes censé faire même si vous ne voyez pas de résultats immédiats.

C. Vous ne connaîtrez pas les tâches exactes à l'avance

Même si vous savez où vous devez aller et les problèmes que vous devez résoudre, vous ne connaîtrez peut-être pas les tâches exactes à faire ou que vous ne les comprendrez pas toutes. C'est pour cela que vous devez travailler sur vous même : votre capacité à prendre une décision, votre volonté de gagner et de vous améliorer, votre capacité à vous dévouer à vos objectifs quels que soient les coûts. Il est important de grandir en termes de maturité, de fermeté et de courage dans le but d'atteindre votre objectif. Il aussi important de faire des recherches dans votre domaine, étudier tout ce qui est en lien avec votre objectif. C'est par une étude personnelle et une analyse approfondie de votre domaine que vous vous approcherez du but. Plus vous étudiez en profondeur votre domaine plus vous en connaissez les détails.

D. Grandissez en termes de personnalité.

C'est un processus par lequel vous découvrez votre potentiel. Cela consiste à donner le meilleur de vous-même en faisant ce que vous devez faire. Pourquoi ? Beaucoup de personnes talentueuses ne font rien avec leur capacité alors que d'autres qui sont dans la moyenne arrivent à faire de grande chose. Abraham Maslow disait ceci «Tout ce qu'un homme a le potentiel d'être, il doit l'être[7] ». Nous devons tous nous engager dans la découverte de nos dons et nos talents spéciaux et nos traits de personnalité uniques.

Que se passerait- il si un éléphant refusait d'être qui il est et décide devenir un aigle ? Qu'arriverait-il à un aigle qui veut devenir un éléphant ? Ce serait vraiment ridicule vous dites, mais parmi les hommes certains d'entre nous désirent la vie des autres. Nous devrions tous désirer d'être ce que nous sommes nés pour être, être tout ce que nous devons être et faire tout ce pourquoi nous sommes créés. Cela nous engage à faire un choix intentionnel de suivre le but de notre vie. Nous sommes nés pour résoudre des problèmes et faire face aux différents challenges de la vie avec une volonté de gagner.

Une fois que vous avez découvert votre but dans la vie, ne laissez pas les limitations, la moquerie, les opinions d'autres sur ce qui est raisonnable de faire, vous arrêter. Surpassez les obstacles, améliorez-vous, développez vos capacités naturelles, utilisez chaque problème et chaque circonstance pour devenir plus fort et plus confiant. Dans un pays ou une région où les gens ne se développent pas, ce pays finit dans la stagnation, les crises sociales et économiques. Pour comprendre votre mission et progresser dans sa réalisation vous devez utiliser vos forces, fortifier vos faiblesses, vous engager dans le développement de votre personnalité, votre volonté et votre fermeté et vous éduquer dans votre domaine.

E. Etudiez pour votre mission

Vous devez apprendre tout ce qui va vous aider à atteindre votre mission. Le développement personnel dépend de ce qui est à l'intérieur de vous et non des facteurs extérieurs. Prenons l'exemple de Benjamin Franklin : il était un politicien, diplomate, scientifique, inventeur, journaliste et éditeur. Il aimait les livres depuis son enfance c'est ce qui lui a permis de se développer et d'accomplir autant de choses. Il a commencé sa carrière en travaillant comme imprimeur pour son frère. Mais les conditions de travail lui ont poussé à quitter ce contrat. Il a eu ensuite du mal à trouver un autre contrat dans la ville où il se trouvait parce que son frère avait persuadé tous les employeurs de la ville de ne pas l'embaucher. Il n'a pas renoncé à cause de ces obstacles mais il a poursuivi sa vision dans une autre ville loin de sa famille.

Le jeune Franklin devint expert dans son domaine à l'âge de 18 ans dépassant ceux qui étaient avant lui grâce à sa diligence. Il poursuivit ensuite sa carrière en Angleterre où il travailla pendant 18 mois pour gagner de l'expérience dans le domaine de l'impression. A 20 ans, Il revint dans la ville de Philadelphie et apprit comment faire les affaires et les rapports financiers. Il s'associa plus tard avec un de ses anciens collègues pour créer leur propre affaire en étant laborieux dans l'imprimerie. Ils créèrent un club dans lequel ils partageaient des idées intéressantes sur différents sujets, des livres, etc. Connaître son but a aidé Franklin à maximiser les opportunités. Le club lui permit de faire des affaires et avoir une carrière politique. Ses affaires se développèrent rapidement au point qu'il commença à publier ses propres journaux, de l'argent papier pour le gouvernement, et d'autres types de produits. Une personne qui s'engage sur la voie de son but, surpasse toutes les formes d'obstacles et de difficultés sur son chemin et les transforme en bénéfice. Il change les challenges en opportunités et grandit en franchissant les barrières.

Par leurs écrits sur les projets sociaux, Franklin et ses amis suscitèrent l'intérêt de citoyens ordinaires et du gouvernement. Cela permit la construction des routes, le nettoyage des rues dans la ville. Franklin fut à l'origine de plusieurs inventions comme par exemple le système de chauffage. Il aida aussi dans les levées de fonds pour la construction de l'hôpital municipal, de l'Église et l'ouverture d'une école publique qui est devenue plus tard l'Université de Philadelphie. Connaissant le but de sa vie Franklin s'est éduqué dans son domaine et a accompli beaucoup de progrès dans la vie des autres.

F. Développez la persévérance, la persistance et la ténacité

La volonté inclue la persévérance, la persistance et la ténacité. Si l'une de ces trois qualités est absente dans un homme, alors il a une volonté faible. Une personne qui a une volonté forte sera toujours pleine d'initiatives et proactive. Une personne proactive est une personne qui a la capacité :

-de définir activement les objectifs et les accomplir

-de soumettre ses pensées, ses sentiments et ses actions à son but

-de prendre des initiatives

La persistance :

C'est la capacité à démontrer la volonté et le caractère en défendant sa position. Elle mobilise la diligence et la détermination. Rien dans ce monde n'est fait sans la persistance. Le talent ne suffit pas, le génie non plus, le diplôme ne peut rien résoudre, le monde est rempli de personnes super diplômés qui sont au chômage. La persistance et la détermination sont puissantes. La persistance c'est aussi l'habileté à faire et à implémenter rapidement une décision ferme. La persistance est le trait de caractère exprimé dans la persévérance. C'est une attitude qui consiste à se battre pour accomplir un objectif quel que soit le prix et les obstacles rencontrés. La constance fait partie de la persistance et c'est une qualité qui vous permet d'endurer en restant ferme. C'est aussi une ferme dévotion à ses croyances et à ses convictions. Si vous voulez apprendre la persistance et la persévérance, regardez à la vie de Thomas Edison.

«Ce n'est pas juste que je suis intelligent, mais c'est juste que je travaille sur les problèmes plus longtemps». Albert **EINSTEIN**.

La ténacité et la persévérance

Tout le monde peut abandonner. C'est la manière la plus facile pour résoudre un problème. Si vous êtes fatigués, prenez du repos et après continuez à avancer vers vos objectifs, montrez-vous tenace, persévérant et persistant. Lorsque vous aurez accompli les résultats voulus, vous serez heureux d'avoir persévéré. Prenez la décision que vous gagnerez.

N'abandonnez jamais. Après une nuit longue viendra toujours le jour. Lorsque tout semble montrer qu'il n'y a pas de voie de sortie rappelez-vous toujours que le jour apparaîtra. Si vous persévérez, les lois que le Créateur a placées dans l'univers travailleront pour vous.

Quel est le sens de votre vie ? Qu'est-ce qui vous donne une raison de vivre. Quand une personne connait le but de sa vie, rien ne peut l'arrêter. Connaissez-vous Nick **VUJICIC** ? C'est un auteur motivateur et conférencier. Il est né sans bras et sans jambes ; au départ ses parents s'étaient effondrés par sa naissance. Son enfance était remplie d'épreuves et de difficultés et cela à cause de sa différence. Sa condition ne lui a pas empêché d'apprendre à écrire, à se servir d'un ordinateur, lancer une balle de tennis, jouer à la batterie, se peigner, répondre au téléphone, bref faire tout ce qu'un homme qui a les pieds et les bras fait. Son handicap ne l'a pas empêché d'inspirer de milliers de vie. Sa vie est remplie de sens plus que la plupart des gens qui ont les pieds et les bras.

La raison de votre vie réside à l'intérieur de vous. Si vous êtes conscients que vous avez été créés à l'image du Créateur, cette information vous amènera à voir les obstacles comme des choses normales. Nick a appris à apprécier soi-même et à se voir comme son Créateur le voit. Il savait que sa naissance avait un but, le fait de ne pas avoir de pieds ni de mains n'était plus un obstacle pour lui. Quelqu'un a dit que si une personne veut atteindre un niveau qu'il n'a jamais atteint par le passé, il doit aujourd'hui faire plus que ce qu'il faisait. Il doit être prêt à essayer toutes les clés jusqu'à ce qu'il trouve la bonne. Cela prend toujours du temps à un homme pour trouver un indice au problème qui le déconcerte. Après avoir trouvé l'indice quelques instants suffisent pour réaliser ce qui semblait impossible.

Si vous appliquez un maximum de persévérance, vous serez capable de conquérir n'importe quelle ville, résoudre un problème quelconque, amener un rêve à devenir réalité. Vous avez seulement besoin d'investir votre temps et votre énergie.

Votre système de valeurs et de croyances

«Surveille tes pensées, elles deviennent des paroles. Surveille tes paroles, elles deviennent tes actions. Surveille tes actions, elles deviennent tes habitudes. Surveille tes habitudes, elles deviennent ton caractère. Surveille ton caractère, il devient ta destinée». Auteur inconnu

Avant de vous montrer pratiquement comment répondre aux questions de votre but, penchons-nous un peu sur les caractéristiques de votre personne qui dépendent de votre système de valeurs et de croyances. Votre système de valeurs et de croyances est la base de votre vie, c'est ce qui fait l'être humain. Vos valeurs et l'importance qu'elles ont à vos yeux déterminent la manière dont vous définirez vos objectifs à atteindre. Si par exemple vous considérez que l'amour et la dévotion pour les personnes sont des valeurs importantes pour vous et qu'en même temps vous décidez de devenir un homme d'affaires, vous aurez des conflits à l'intérieur de vous. Il y aura une certaine contradiction entre votre but et vos valeurs. Construire des affaires vous prendra beaucoup de temps et vous serez moins disponible pour votre famille et encore moins pour les gens. Devenir un coach en développement personnel pour aider les gens à réaliser leur potentiel est un but qui correspond mieux aux personnes qui ont ce genre de valeurs.

Quelques exemples de valeurs : famille, santé, persistance, carrière, honnêteté, courage, amour, joie, relations, créativité, succès, passion, autonomie, service aux personnes, liberté, amis, sécurité, etc....

Les valeurs constituent une force qui est sensée nous pousser vers l'avant. Les décisions que vous prenez sont liées à vos valeurs. Mais peu de gens ont une idée de ce qui constitue leurs valeurs. Comment reconnaître ses valeurs ? Commencez à analyser les décisions que vous aviez prises par le passé. Faites une liste de ce que vous considérez être le plus important dans votre vie. Retenez de cette liste les valeurs dont vous êtes prêts à vous engager à vivre en accord avec au quotidien.

Comment faire face à toutes sortes de difficultés temporaires qui surviennent dans la vie ? Comment surmonter les obstacles et réaliser les objectifs si nous n'avons pas à l'esprit ce qui a du prix et de la valeur à nos yeux ? Lorsque nous ignorons nos valeurs, il est plus facile de prendre de mauvaises décisions. Nous devons être conscients qu'une bonne prise de décision est basée sur des valeurs claires et définies. Si par exemple l'honnêteté fait partie de vos premières valeurs, vous serez prêts à dire non si quelqu'un vous propose une affaire douteuse. Vous n'aurez aucune hésitation par rapport au choix à faire. Être conscient de vos propres valeurs, vous aidera à prendre facilement des décisions.

L'exemple de Rosa Parks et de Martin Luther King :

Rosa Parks était une femme afro-américaine qui devint une figure emblématique dans la lutte contre la ségrégation raciale aux Etats-Unis, elle a été surnommée «mère du mouvement des droits civiques». Elle croyait que tous les hommes devraient avoir les mêmes droits quelle que soit la couleur de leur peau. Grâce à ses valeurs, elle a eu l'audace de refuser sa place à un passager « blanc » dans un autobus le 1er décembre 1955. Après avoir été arrêtée par la police et amendée de 15 dollars, 4 jours plus tard, elle fait appel de ce jugement. C'est ainsi que vint de nulle part un jeune pasteur noir de 26 ans jusqu'alors inconnu qui lança une campagne de protestation et de boycott contre la compagnie de bus qui dura 380 jours. Ce jeune homme n'était que Martin Luther King Junior. Ce qui est intéressant dans l'histoire c'est qu'ils étaient 4 dans le bus à s'assoir sur des sièges «réservés» et lorsque le chauffeur demanda de quitter les sièges, Rosa Parks fut la seule à dire non et elle resta ferme sur sa position. Cette fermeté par rapport à ses valeurs bouleversa l'histoire et une simple décision changea le cours de l'humanité. Et on se souvient toujours d'elle encore aujourd'hui. Rosa Parks était une femme qui se leva pour ses valeurs et ses croyances. Elle n'eut peur face aux menaces et aux intimidations.

Tout comme elle, Martin Luther King connaissait ses valeurs. Grâce à sa prise de position pour ses valeurs et ses croyances, plusieurs lois furent votées en faveur des droits humains. A l'âge de 35, il reçut le prix Nobel de la paix étant le plus jeune lauréat de l'histoire. Malgré la pression sociale, King est un exemple qui démontre qu'une seule personne peut déclencher un changement dans l'histoire humaine. Il connaissait le but de sa vie sur la terre et avec ses valeurs, ses croyances et sa force spirituelle, il se leva pour accomplir sa destinée.

Vous pouvez ruiner votre paix intérieure quand vous choisissez de renier vos valeurs devant les pressions de la vie. Les compromis peuvent vous entrainer dans la frustration et dans le vide intérieur. Tout comme Rosa et King soyons engagés envers nos valeurs.

Comment trouver les valeurs de votre vie ?

-Identifiez-les choses qui ont du prix à vos yeux et arrangez-les du plus important au moins significatif. Trouver une raison pour laquelle vous avez fait ce classement

-Confrontez votre liste de valeurs avec l'image de la personne que vous rêvez d'être ?

-Ecrivez une liste des choses que vous aimeriez surmonter dans votre vie afin de devenir cette personne. Par exemple ça peut être le rejet, l'échec, le découragement, la solitude, la peur de l'échec, les complexes, ... Sur la route de votre destinée, vous rencontrerez : critiques, rejets, et refus. Assurez-vous donc que le courage fait partie de vos valeurs

- Vous devez créer intentionnellement votre système de valeurs et de croyance qui correspond à votre image idéale de vous-même.

Qu'est-ce qu'une croyance ?

Une croyance est un sentiment de confiance devant toute circonstance. Si vous croyez que vous êtes un écrivain doué, vous diriez *« je peux écrire de merveilleux livres qui vont influencer positivement la manière de penser des gens»*. Si vous croyez être une femme exceptionnelle vous diriez *« je suis confiante parce que je suis une femme spéciale»*. Si vous n'êtes pas sûr de vos croyances, vous ne pourrez pas utiliser les capacités et les ressources que vous avez à l'intérieur de vous. Ce sont vos croyances qui mobilisent vos ressources intérieures. Plus vous croyez, plus vous avez de ressources.

Les pensées constituent la matière première pour construire les croyances. Savez-vous qu'un mur en béton est fabriqué à partir d'un mélange d'eau, de sable, de gravillons et de ciment ? Le ciment lui-même est fait à partir d'autres matières premières comme le calcaire et l'argile après une cuisson à température haute de 1450°C. Vous comprenez que la qualité de votre béton dépend de tous les éléments qui le composent. Si ces éléments contiennent des déchets alors votre béton sera fragile et de mauvaise qualité. Il en est ainsi de la construction des croyances. Vous devez justifier et prouver toute pensée que vous avez. Quelles expériences avez-vous qui justifient cette pensée ? Quand vous justifiez vos pensées par des faits, elles gagnent en confiance et deviennent des croyances. Pourquoi cette croyance est un avantage pour vous ? Comment peut-elle être utile pour vous ? Nous devons faire tous un effort pour identifier les croyances négatives qui limitent notre mentalité et s'en débarrasser aussi vite que possible. Si vous vous dites : « *je suis un perdant, personne n'a réussi dans ma famille donc je ne peux pas réussir, les gens me traitent avec hostilité, ne faites confiance à personne, la vie est très difficile, il est difficile de se démarquer de la foule, les gens autour de moi ne m'aiment pas* ». Vous devez alors revoir vos pensées. Vous êtes déjà la différence, vous n'avez pas besoin des résultats avant de croire. Croyez d'abord et les résultats viendront.

Les croyances généralisées sont considérées comme fortes en ce qui concerne la construction de nos vies. Ces croyances touchent notre personnalité. Elles utilisent le verbe *«être»* comme *«la vie est»*, *«les gens sont»*. Elles peuvent modeler notre façon de voir le monde, notre compréhension de la vie, nos schémas de pensées, notre comportement. Le changement d'une seule croyance limitant peut changer votre vie de manière rapide. Lorsqu'une croyance prend racine en vous, elle a un impact sur tout votre système nerveux. Les croyances ont le pouvoir d'étendre ou de limiter vos capacités et votre confiance en vous-mêmes. Si vous voulez prendre contrôle de votre vie, vous devez exercer intentionnellement un contrôle sur vos systèmes de valeurs et de croyances. Nous sommes tous responsables des croyances que nous laissons prendre racine en nous.

Le système de croyances à construire dès l'enfance :

Beaucoup grandissent sans prendre le temps de bâtir leur homme intérieur. Pendant l'adolescence, ils se rebellent contre leurs parents mais quand ils finissent cette période, ils tombent sous l'influence de la société. Ils vivent simplement sous l'influence de leurs réflexes, leurs émotions et agissent comme tout le monde sans jamais devenir la personne qu'ils devraient être.

Certains adolescents sont devenus accros à la drogue, à la cigarette ou à l'alcool. *En France, selon les chiffres de l'organisme CRIPIS, en 2014 près de 9 sur 10 adolescents de 17 ans ont déjà bu de l'alcool, près de 7 sur 10 ont déjà fumé une cigarette et un peu moins de 5 sur 10 ont fumé du cannabis au cours de leur vie. L'expérimentation du tabac arrive à 14 ans en moyenne et l'entrée dans le tabagisme quotidien intervient en moyenne à 14,9 ans puis au-delà de 15 ans c'est l'expérimentation du cannabis et l'ivresse alcoolique.* Cette situation s'explique par le fait que leurs parents sont trop occupés du matin au soir dans le but d'assurer leur avenir financier. Ils n'ont pas pris du temps pour éduquer leurs enfants. Ils se sont consacrés aux mauvaises priorités c'est à dire construire un avenir financier et éviter la souffrance à leurs enfants mais c'est une illusion. D'une part la souffrance n'est pas forcément une mauvaise chose tant qu'on en apprend et grandit. D'autre part le plus grand héritage que vous puissiez laisser à un enfant c'est l'éducation que vous lui avez donnée. Ce sont les valeurs et les croyances que vous avez construites en lui. Mais beaucoup de parents font l'erreur de planifier la vie de leurs enfants, sans qu'ils ne leur montrent le sens de leur existence. Il n'est pas mauvais de mettre certaines choses en place pour vos enfants mais vous leur feriez du bien si vous les aidiez à découvrir le but de leur vie et former en eux les valeurs adéquates. S'ils le découvrent, ils affronteront la vie avec confiance. Ils ne perdront pas du temps en abusant leurs vies dans des expériences sordides.

Les parents qui apprennent leurs enfants très tôt à construire un système de valeurs et de croyances, ne les verront pas se perdre dans les chemins hasardeux comme la drogue, l'alcool, toutes sortes de perversions. Quand une personne a été bien bâtie à l'intérieur avec des valeurs et des croyances solides, elle n'est plus influençable par la société. Elle prendra pour sa vie des décisions et des actions conscientes.

Beaucoup de jeunes se croyant avoir du temps, prennent des directions dans la vie qui les désorientent. Ils se permettent des aventures folles et insensées, comme essayer les drogues. Ces jeunes ne sont pas conscients qu'ils ont une destinée. La vie qui leur a été donnée est un cadeau précieux. Il y a un plan et un but pour leurs vies. Les valeurs que vous avez dans la vie deviennent votre référence, ce sont elles qui vous conduisent à votre destinée. Vous qui me lisez, nous avons besoin de vous afin de prendre cette responsabilité de conduire les jeunes autour de nous à une réelle conscience de la valeur de leurs vies.

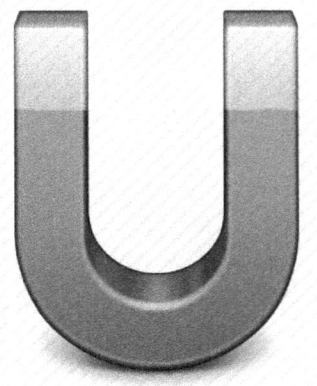

Aspects Pratiques : Comment capter le but de votre vie ?

« Chacun possède une mission spécifique dans la Vie, de telle sorte qu'il est unique et irremplaçable, car sa vie ne peut jamais être reproduite.» Viktor **FRANKLE**.

Discours de Martin LKJ :

« Dieu a donné à chaque être humain normalement constitué certaines possibilités de réaliser quelque chose dans sa vie. Bien entendu, certains ont été mieux partagés que d'autres, mais Dieu n'a laissé personne sans talent.

Chacun de nous porte en soi, cachées au plus profond de lui-même, des forces créatrices, et nous avons le devoir de les découvrir et de les utiliser.

Lorsque quelqu'un a découvert pour quoi il a été créé, il doit le faire comme s'il s'agissait d'une mission spéciale que lui aurait confiée le Créateur, à lui personnellement, et à ce moment précis de l'histoire du monde.

Si votre mission est d'être balayeur de rues, vous devez balayer les rues dans le même esprit que Michel-Ange lorsqu'il peignait ses toiles, que Beethoven lorsqu'il composait ses symphonies. Vous devez balayer la rue d'une façon tellement parfaite que chaque passant puisse dire : ici, c'est un grand balayeur qui a travaillé ; il a bien accompli sa tâche ! Comme il est écrit : «Si tu ne peux être un arbre sur la colline, sois un buisson dans la *vallée ; mais sois le meilleur buisson à des lieues à la ronde. Si tu ne peux être une route, sois un sentier ; si tu ne peux être le soleil, sois une étoile. La valeur ne se mesure pas aux dimensions.*

Sois ce que tu es, mais sois-le à fond ! »[8].

Martin **Luther King** Junior

1. Notre but se trouve dans nos désirs naturels.

Nous avons été créés pour être passionné de quelque chose. La passion c'est ce qui nous rend ambitieux. Ce sont des choses qui nous attirent naturellement. Qu'est-ce que vous aimez faire naturellement ? Qu'est-ce qui vous fascine ? Qu'est-ce qui vous attire ? Qu'aimez-vous faire ? Quelle est la passion qui bouillonne à l'intérieur de vous ? Qu'est-ce que vous aimez le plus ? Qu'est-ce qui vous a attiré depuis dans votre enfance ? Qu'est-ce que vous aimez faire dans vos temps libres ?

Par exemple certaines personnes aiment ordonner les choses et s'occuper d'elles-mêmes. D'autres préfèrent promouvoir des produits, ou encore travailler avec les nombres et les chiffres. Elles font bien des comptables. Certaines personnes aiment poser des questions. Les journalistes et les avocats le font aussi. D'autres aiment résoudre des problèmes. D'autres encore ont un talent oratoire, aiment parler en public. Ils peuvent devenir des coachs, motivateurs ou politiciens. D'autres préfèrent se plonger dans les détails d'un mécanisme peuvent devenir ingénieurs ou inventeurs. Peut-être que vous aimez dessiner ou jouer au piano, ou encore écrire.

2.Qu'aimeriez-vous faire même si vous n'étiez pas payé ?

Si vous n'aimez pas faire une chose gratuitement, qu'est-ce qui vous fait croire que vous aimeriez cette activité si vous êtes payé ? Qu'êtes -vous prêt à faire avec plaisir et joie ? Êtes-vous prêt à le faire même sans argent ?

3.En quoi vous êtes bon ?

Ecrivez une liste des choses que vous savez faire. Peut-être que vous savez : discuter, mettre les choses en ordre, remarquer les erreurs, faire des amis, être créatif, cuisiner, lire, écrire, dessiner... Quelqu'un est-il bon dans l'écriture ? Qu'il exerce son talent. Quelqu'un d'autre est bon en sport, un autre sait cuisiner, quelqu'un aussi sait remettre les autres en ordre, que tous s'engagent envers leurs dons. Certains savent construire de bonnes relations avec les gens.

4. Qu'est-ce qui vous donne le plus de satisfaction ?

Lorsque vous exercez cette activité est ce que vous vous sentez épanouis ? Expérimentez-vous la joie ? Si une personne ne trouve pas satisfaction dans ce qu'il fait, elle ne trouvera pas de sens à sa vie.

5. Qu'est-ce que les gens remarquent en vous ?

Qu'est-ce que vous faites qui pousse les gens à vous complimenter ? Quand vous étiez enfant, sur quoi les gens vous complimentaient-ils ? Quelle est la chose pour laquelle on vous faisait des éloges ?

6. Quelles sont les qualités que les autres aiment le plus chez vous ?

Lorsque vous pensez à vos amis, vos collègues, vos proches ou vos voisins :

Qu'est-ce qu'ils aiment chez vous ? Qu'est-ce qu'ils n'aiment pas chez vous ? Qu'est-ce qu'ils appréciaient en vous lorsque vous étiez enfant ? Pour quelles raisons vous enviaient-ils ? Quelles sont les qualités en vous que certains aiment et d'autres jalousent ?

7. Qu'est-ce qui vous rend différent des autres ?

Qu'est-ce qui vous rend différent et spécial des autres ? Sur quoi les gens vous critiquaient ou vous ridiculisaient ? Votre unicité réside dans les choses qui vous rendent différents des autres. Trouvez ce qui vous rend spécial et différent des autres et cela deviendra votre avantage.

8. Qu'est-ce que vous pouvez faire sans préparation ?

Qu'est ce qui sort naturellement de vous ? Vous pouvez le faire sans préparation, involontairement, sans une motivation extérieure, spontanément. Pour certains c'est penser, analyser, communiquer, rester silencieux, sourire, chanter, écrire, improviser... Qu'est-ce que vous faites naturellement sans forcer, rapidement et sans préparation ? D'autres auront besoin de se forcer à le faire, mais vous le faites sans entrainement.

9. Qu'est-ce que vous pouvez faire sans voir le temps passer ou oublier de manger ?

Avez-vous déjà remarqué qu il y a certaines choses auxquelles vous vous dévouez pleinement ? Vous pouvez être occupé à ces choses sans remarquer le temps passé. Vous vous en imprégnez facilement. Il y a des choses que vous pouvez faire avec toute votre tête, tout votre cœur, toute votre âme et oublier le temps. Quelles sont ces choses que vous faites sans regarder la montre ? Il y a aussi des choses qui vous occupent tellement que vous oubliez si vous aviez pris votre diner ou pas. Quelles sont ces activités dans lesquelles vous êtes tellement plongé que vous oubliez de manger ou même de dormir ?

10. Avec quelle tâche aimeriez-vous rester en solitude ?

Si vous deviez être enfermé dans votre chambre pour 3 jours ou une semaine, qu'est-ce que vous aimeriez faire ? Qu'est-ce que vous aimeriez prendre avec vous ? La télévision, l'internet, vous-même, les livres, les amis, ...

11. Qu'est-ce que vous aimeriez lire, écouter ou parler de (sujets) ?

Il y a des sujets que vous aimeriez lire, écouter ou en parler à tout moment. Il y a des personnes qui aimeraient parler : du temps, des œuvres caritatives, des enfants, des livres, des méthodes, de la justice, de la jeunesse, du sport, ... Qu'est ce qui sort spontanément de votre bouche ? Nous ne faisons toujours pas attention à ces choses. Pensez à ces sujets que vous ne pouvez pas vous empêcher d'écouter, de lire ou d'en parler.

12. A quoi pensez- vous le plus ?

Souvent il y a des pensées qui nous traversent l'esprit. Ce sont des pensées qui peuvent construire les autres et ces pensées viennent fréquemment sans que vous n'ayez fait un effort particulier.

13. Qui vous inspire ?

Il y a des gens qui nous inspirent, nous voulons réussir comme eux. Quel est le type de personnes que vous admirez le plus ? Y a-t-il des personnes qui par leur réussite vous inspirent, que vous aimeriez ressembler ? Faites une liste des personnes qui vous inspirent. Catégorisez ces personnes et précisez en quoi vous voulez les copier ou les imiter.

14. A quel moment votre passion et votre colère, coïncident ?

Ce que vous aimez le plus et que vous détestez le plus peut déterminer votre vocation. Supposons par exemple que lorsqu'on évoque le sujet de la famille cela suscite en vous des sentiments contradictoires, de l'amour et de la haine en même temps ou encore de la joie et de la tristesse. Ce sujet suscite en vous de la douleur et des sentiments associés à votre divorce. Vous avez aussi étudié le sujet de la famille et vous avez compris que pour construire famille réussie il faut de la connaissance et de la préparation. Vous avez appris de vos erreurs passées et tiré des leçons. Vous voulez utiliser votre expérience et vos connaissances pour aider les autres qui ont un projet de mariage. C'est un domaine dans lequel votre passion et vos douleurs se rencontrent. Supposons que vous aimez votre pays mais en même temps vous détestez la manière dont il est géré actuellement. Vous n'êtes pas resté indifférent à cette situation. Vous êtes parti dans d'autres pays où vous vous êtes formés. Vous êtes prêt à apprendre et changer quelque chose dans les institutions de votre pays ; vous voulez utiliser votre temps, votre énergie, vos efforts et toute ressource intellectuelle et émotionnelle pour son développement. Ceci correspond à votre vocation.

Conseils pratiques

Trouvez des livres, la littérature et toute information qui parlent de vos dons et vos capacités. Plus vous connaissez et approfondissez votre savoir de votre don, mieux vous l'utiliserez. Trouvez un bon environnement, des personnes qui vous aideront à porter votre mission et développer votre don. Il est connu que votre succès repose à 50% sur votre environnement. Si vous voulez être un politicien, soyez dans un environnement de politiciens. Si vous voulez être médecin vous devez côtoyer les médecins.

Si vous voulez gagner du temps alors vous devez vous focaliser sur la raison divine de votre existence sur la terre et non vos désirs personnels. Une fois que vous avez découvert le but de votre existence, vous devez définir des objectifs et lister tout ce que vous avez à faire dans une journée, la semaine, le mois ou l'année et mettre en place des deadlines (échéances), commencer à travailler pour les atteindre. Vous devez planifier votre vie, votre carrière et toutes vos activités autour de votre but. Le diplôme que vous voulez obtenir, les séminaires auxquels vous assistez, toutes vos activités doivent tourner autour de votre objectif. Ça ne vous sert à rien d'avoir un agenda rempli de tâches à faire si celles-ci ne vous conduisent nulle part.

Il y a des étudiants qui ont choisi des filières pour plaire à leurs parents. Certains parents qui n'ont pas accompli leurs rêves essayent de l'imposer à leurs enfants. Parfois ces enfants sont encouragés à poursuivre la vision de leurs parents quand ces derniers ont bien réussi leur vie. Les parents devraient aider leurs enfants à découvrir le but que le Créateur leur a assigné au lieu de les forcer à aller dans une certaine direction. La vérité est que même si vous avez donné naissance à cet enfant, il ne vous appartient pas. Votre enfant a aussi une mission à accomplir sur terre qui peut être totalement différente de la vôtre. Dans certains cas plusieurs personnes vont dans une direction, elles choisissent certains métiers à cause de l'opinion publique, certaines professions sont vues comme élevées et y faire carrière vous donne un sentiment d'importance. Malheureusement votre égo ne vous montre pas la direction à suivre.

Quel que soit le domaine de votre vocation, votre bénédiction y est attachée. Vous prospérez dans le domaine de votre vocation et non ailleurs. Il n'y a pas une carrière meilleure qu'une autre. Si par exemple le but de votre vie est d'écrire c'est aussi votre terrain d'opportunités et c'est tout à fait au même rang qu'une autre personne qui a pour but d'être médecin ou entrepreneur. Tous les deux, vous pouvez impacter toute la terre dans le domaine de votre don. C'est une fausse croyance de considérer qu'il y a un domaine particulier dans lequel, on peut s'enrichir. La richesse n'est pas le but de la vie, la gloire non plus. Tout ce que vous avez à faire c'est de trouver votre but et de vous évertuer à devenir le meilleur dans ce domaine et servir les autres.

Certaines personnes sont dans de mauvais emplois à cause des responsabilités financières. Ils détestent ce qu'ils font mais ont une autre opinion. Il y a tellement de chômage dans certains pays et surtout dans notre ère où nous passons par des transitions de modèles économiques qu'avoir un emploi c'est un miracle mais rien ne vous garantit que vous ne perdrez pas cet emploi à l'avenir. J'ai rencontré des personnes au-delà de la cinquantaine qui étaient en train de rechercher de l'emploi. Ils ont passé tout leur temps dans une entreprise en étant fidèles et loyaux mais un jour on les a remerciés parce que tout simplement l'entreprise voulait « réduire les coûts ». Le système dans lequel nous nous trouvons traite les gens au même niveau que les machines et dès qu'une entreprise trouve un moyen de vous remplacer afin de réduire ses coûts, elle le fera. Même si vous êtes dans cette situation, il est possible de rebâtir votre vie sur de bases solides.

Une fois que vous savez qui vous êtes, vous connaissez votre potentiel et le but de votre vie, vous êtes conscients de là où vous vous dirigé, la prochaine étape sera de vous montrer comment créer votre différence et vous démarquer.

Chapitre 2

EMBRASSEZ
votre différence

« La valeur personnelle et la valeur ajoutée ne sont pas les mêmes »

Rick **WARREN**[9]

Notre monde est en crise en ce qui concerne la compréhension de la valeur personnelle et de la valeur ajoutée. Certains ne connaissent pas leur valeur alors que d'autres se battent pour construire leur valeur ajoutée. Connaître sa valeur personnelle est indispensable pour construire sa valeur ajoutée avec confiance. Tout le monde a une valeur mais tout le monde n'a pas de valeur ajoutée. Pire encore beaucoup sont inconscients de leur responsabilité à créer leur valeur ajoutée. Nous avons tous une valeur mais nos valeurs ajoutées diffèrent les uns des autres. Prenons un exemple. Vous avez peut-être remarqué qu'aux informations que ce soit à la télévision ou à la radio on annonce parfois des centaines de morts tués dans un attentat, dans une guerre, dans une épidémie, dans un accident et j'en passe mais que cela n'interpelle personne à moins qu'il s'agisse d'un proche. C'est comme si la mort de ces personnes ne changeait rien au cours de l'histoire. Mais le jour où quelqu'un comme Nelson Mandela est mort, l'information a fait le tour du monde suscitant beaucoup de mouvements, d'émotions et d'interpellations. La terre entière se sentait concernée. Beaucoup de pays ont observé une minute de silence.

La différence entre Nelson Mandela et la plupart des autres hommes qui sont mort sans qu'on y prête attention est dans leur valeur ajoutée. Pourquoi le monde ne se rappelle de rien des certaines personnes qui ont vécu sur la terre alors qu'il ne peut pas oublier les autres ? La différence réside dans la valeur ajoutée qu'elles ont construite de leur vivant sur la terre. En réalité chaque être humain sur la terre peut construire sa valeur ajoutée à partir de sa valeur actuelle que j'ai appelée valeur personnelle ou valeur tout court. Peu importe où vous avez commencé dans la vie vous pouvez ajouter de la valeur à votre vie.

Vous avez déjà de la valeur

Chaque être humain commence avec un capital dans la vie qu'on appelle valeur personnelle. Cette valeur est un don à la naissance tandis que la valeur ajoutée est la contribution que vous apportez sur cette terre. C'est ce que vous faites avec les dons et les ressources que vous avez reçus. Avant de construire cette valeur ajoutée, il est important d'être conscient que vous avez une valeur propre.

Aucun être humain n'est venu au monde vide, nous sommes nés avec une valeur personnelle. Nous faisons souvent une erreur de jugement quant à ce qui concerne la valeur des personnes. Ce qui fait la valeur d'une personne ce n'est pas son titre ni son statut, ni sa position mais elle réside dans le fait qu'elle est un être humain à l'image du Créateur. L'ignorance de certains dans notre société fait qu'il y a une tendance à honorer seulement les personnes qui ont des résultats dans la vie ou qui ont un statut social. La vérité est que tout être humain devrait être considéré et honoré comme tel et non à cause des résultats qu'il a obtenu dans la vie.

Avez-vous des yeux pour voir la valeur dans les autres ?

Il est malheureux de constater combien nous vivons dans un monde où les gens sont indifférents des personnes autour d'eux. Ils ne peuvent pas percevoir leur valeur. Ils n'apprécient pas la valeur que chaque être humain possède. Le monde semble avoir des critères sur lesquels il évalue les gens. Le monde évalue les gens sur la base de l'argent, du statut dans la société, des diplômes obtenus, des écoles dans lesquelles ils ont étudié, même si nous savons bien que la valeur d'une personne ne dépend pas de ces choses.

Ce n'est ni votre position, ni vos accomplissements qui déterminent votre valeur. Vous avez de la valeur parce que vous êtes un « être humain ». De ce fait vous aussi vous êtes dignes d'honneur et de respect. Les vrais hommes traitent de la même manière le gardien à la porte de l'entreprise et le directeur général. Nous devons honorer tout le monde, aussi bien ceux qui sont à une position inférieure que ceux qui sont à une position supérieure par rapport à nous dans toute organisation. Nous devrions avoir la même considération pour tout le monde.

Votre attitude par rapport à votre valeur :

C'est une chose de reconnaître la valeur dans les autres personnes, c'est une autre de reconnaître la valeur qui est en vous et d'y répliquer correctement. A moins d'apprécier qui vous êtes, ce que vous avez, ce que vous pouvez faire avec ce que vous avez, vous ne pouvez pas créer et construire votre valeur ajoutée. Par exemple, beaucoup ont fait des formations dans de grandes universités et écoles et après se rendent compte que leurs études ne correspondent pas aux dons qu'ils ont reçus et aux battements de leurs cœurs. Ils sont déjà dans des emplois qu'ils n'aiment pas, ils meurent à petit feu tous les jours mais ils n'arrivent pas à changer. Pourquoi ? La principale raison c'est qu'ils n'ont pas compris leur valeur. Ils ont positionné leur valeur dans les choses extérieures qu'ils ont, dans leurs titres, dans leurs positions, dans les éloges qu'ils peuvent recevoir des autres. Soit ils sont ignorants de ce qu'ils ont en eux comme valeur soit ils font semblant de ne pas y prêter attention parce que c'est couteux d'abandonner ce qui est acquis.

Si nous voulons nous tenir sur une fondation solide pour nos vies, nous devons la poser sur la connaissance de notre valeur intrinsèque ou personnelle. Ce que nous pouvons exiger de nous-mêmes et de la vie doit reposer sur cette fondation de la valeur personnelle, savoir que nous avons déjà de la valeur en tant qu'être humain à l'image du Créateur.

Votre valeur est déterminée par qui vous êtes et ce que vous avez en vous.

Il est important d'honorer nos autorités, nos parents ceux qui gouvernent et qui ont une responsabilité dans l'environnement

---
Un homme peut tout perdre dans la vie mais s'il n'a pas perdu sa valeur alors il n'a rien perdu du tout.

---
où nous sommes, pour la position qu'ils occupent. Cependant il est aussi important que vous sachiez que vous êtes digne

de recevoir de l'honneur. Vous en êtes digne, vous avez de la valeur, vous avez du prix aux yeux de Celui qui vous a façonné. Vous êtes déjà privilégié et distingué.

Le point c'est que vous ne devriez pas élever les gens au point de dégrader votre propre valeur, ou de vous voir comme si vous n'étiez rien. La seule Personne devant qui nous ne sommes rien c'est le Créateur. Et même Lui nous valorise plus que ce que nous faisons de nous-mêmes. Ne laissez jamais quelqu'un vous prendre votre valeur, votre dignité parce que c'est aussi votre capacité dans la vie. Un homme peut tout perdre dans la vie mais s'il n'a pas perdu sa valeur alors il n'a rien perdu du tout. Peut-être que vous avez perdu votre travail, votre santé, votre famille mais vous ne devez pas perdre votre valeur. Ne donnez pas l'occasion à quelqu'un de vous réduire à rien ou vous rabaisser.

Lorsque vous rencontrez quelqu'un faites en sortes qu'il se sente honoré, valorisé, respecté afin que l'humanité en lui s'exprime. Et la première personne que vous rencontrez dans la vie c'est vous-même. Le but ici n'est pas d'aller à la recherche de quelqu'un qui va vous valoriser ou de se sentir méprisé ou ignoré quand quelqu'un ne vous donne pas l'attention. L'une des preuves qui montre que vous connaissez votre valeur c'est lorsque vous la démontrez aux autres. Vous honorez les autres sans rien attendre en retour.

Où en êtes-vous par rapport à votre valeur ajoutée ?

Votre valeur ajoutée est définie par « combien de personnes ont besoin de ce que vous avez et quels problèmes vous êtes en train de résoudre ». C'est la somme de tout ce que vous apportez de pertinent à votre environnement. Quelle est votre importance ? Qu'avons-nous à perdre si vous n'êtes plus avec nous ? Qu'est-ce que le monde aurait perdu si vous n'étiez pas né ?

Vous ne devez pas confondre votre valeur avec votre valeur ajoutée. Tout le monde est né avec une valeur mais tout le monde n'a pas une valeur ajoutée. La valeur ajoutée est construite. Ce sont les choix que vous faites qui déterminent votre valeur ajoutée et tout ce qui sort de vous. Votre valeur ajoutée parle de combien vous valez aux yeux des personnes autour de vous et quel est votre prix sur le marché. Elle parle de comment le monde, les personnes autour de vous vous valorisent. Elle décrit comment les gens vous voient, combien ils sont prêts à offrir pour vous avoir ou vos produits autour d'eux. La réalité est que le monde dans lequel nous vivons nous mesure seulement en fonction de notre valeur ajoutée et pas de notre valeur personnelle.

Où créer de la valeur ajoutée ?

Sans une valeur ajoutée la vie n'aura pas d'importance. Il y a un principe de vie que nous devons comprendre : *« il est préférable d'utiliser la plus grande partie de votre journée dans le domaine où vous êtes le plus efficace »*. Pourquoi cela ? Le temps est la mesure de la vie. Votre vie est quantifiée par le temps. On peut mesurer combien vous valez en une heure parce qu'on peut mesurer votre niveau de productivité en une heure. Si on peut mesurer la valeur des produits et services que vous offrez, c'est à dire la valeur de ce qui sort de vous alors on peut mesurer votre valeur ajoutée.

C'est pourquoi dire que le temps c'est l'argent n'est totalement pas juste parce que votre valeur ajoutée peut augmenter. Ce qu'on mesure ici ce n'est pas votre valeur personnelle mais votre valeur ajoutée, c'est à dire votre contribution. Cette contribution n'est pas la même d'une personne à une autre. Ce qu'une heure représente pour Bill Gates dans le monde des affaires n'est pas la même chose que votre heure. Que faites-vous en une heure ?

Le temps c'est la vie et si nous devons maximiser nos vies, il nous faut nous engager dans les domaines où nous sommes le plus efficaces. On peut imaginer notre vie comme un compte à rebours. C'est un décompte vers une fin connue. De la même manière qu'il y a un compte à rebours avant le départ d'une course, ou une explosion, ou un évènement important, notre vie est aussi en décompte.

Beaucoup de gens vivent sans comptabilité de leur temps et de leur valeur. Ils se dispersent en donnant leur temps à tout et à rien. Cela conduit à une vie sans résultats probants. La vie est comme une monnaie et vous pouvez utiliser cette monnaie de trois façons différentes : *gaspiller, dépenser ou investir.*

Un homme de valeur comprend sa valeur et le besoin d'accroître sa valeur ajoutée. Vous devez vous investir dans le domaine où vous êtes le plus efficace possible. En effet nous disposons d'une certaine quantité d'énergie par jour pour nous occuper de nos tâches. Si nous nous dispersons dans toutes sortes de directions nous n'aurons pas de résultats. Pensez-vous que Roger Fédérer aurait accompli ce qu'il a réalisé s'il passait son temps à essayer tous les sports : faire un peu du foot, un peu de tennis, un peu volley bal, un peu d'athlétisme, un peu de basquet bal... non il a choisi le tennis et il a concentré tous ses efforts à faire que du tennis. Il doit y avoir un retour sur investissement. Ce n'est pas que le foot n'est pas une bonne chose, c'est juste que ce n'est pas son domaine.

Votre temps est un investissement :

Votre temps est votre plus important actif et investissement dans la vie. Si vous prenez votre temps et l'investissez dans des choses viles alors ne vous étonnez pas de n'avoir aucun résultat. Les hommes qui réussissent achètent du temps. Ils sont prêts à payer quelqu'un pour faire les choses qu'ils ne savent pas faire en vue de gagner du temps à investir dans les domaines où ils sont le plus efficaces afin d'augmenter leur valeur ajoutée. Les gens qui ne réussissent pas ne pensent pas ainsi. Leur priorité c'est l'argent, ils travaillent pour de l'argent. Nous devrions maximiser notre temps afin de nous mettre au service du monde dans le domaine de notre potentiel.

Votre valeur ajoutée est déterminée par la valeur que vous créez dans une heure de votre journée. C'est ce qui fait la différence entre les personnes. Savez-vous que tous les joueurs de football ne sont pas payés de la même manière ? Ils n'ont pas la même valeur ajoutée. Ils sont payés pour la contribution qu'ils apportent.

Quelle est votre valeur ajoutée actuelle ?

Combien valez-vous en une heure ? En venant dans ce monde personne n'a rien apporté avec lui. Certains d'entre nous se sont recréés lorsqu'ils sont entrés dans ce monde. Ils ont travaillé pour ajouter de la valeur à leur vie.

Si pour vous la plus grande valeur c'est de jouer au piano par exemple, alors consacrez-vous y pleinement. Vous devez jouer de telle sorte qu'il n'y ait aucun pianiste dans le monde qui joue comme vous. Vous devez jouer si bien que le monde abandonne tout pour venir vous écouter. Vous devez jouer avec une telle passion que la génération suivante de pianistes après vous aurait souhaité vous rencontrer. Vous devez avoir une telle valeur si bien que le monde ne peut pas vous ignorer. Comme le dirait Martin Luther King dans son discours cité plus haut. « *Sois ce que tu es, mais sois-le à fond* »

Quelles sont vos priorités quotidiennes ?

Quelles sont les choses que vous pouvez faire aujourd'hui et

Choisissez de faire les choses qui vous donneront un meilleur résultat.

qui seront demain un grand levier pour votre vie ? Faîtes une liste de vos actions quotidiennes et pensez à établir une priorité entre elles. Tout ce que vous faites dans la vie n'a pas la même valeur. Choisissez de faire les choses qui vous donneront un meilleur résultat. Concentrez-vous sur une seule chose à la fois et appliquez-vous jusqu'à ce que vous finissiez la tâche.

Ce n'est pas stratégique d'être occupé dans une multitude de tâches en même temps parce que vous diminuez votre productivité. Le manque de priorisation peut vous coûter cher. Vouloir tout faire est non seulement une perte de temps mais aussi une dilapidation des ressources de votre vie.

Il y a une théorie économique qu'on appelle « *avantage comparatif* ». C'est un concept du commerce international. Elle stipule que dans un contexte de libre-échange, chaque pays, s'il se spécialise dans la production pour laquelle il dispose de la productivité la plus forte ou la moins faible comparativement à ses partenaires, accroîtra sa richesse nationale. Cette production est celle pour laquelle il détient «un avantage comparatif».[10] Selon cette théorie dans un pays, l'ouverture au commerce international, dans une compétition idéale, est toujours avantageuse indépendamment de la compétitivité nationale. Chaque pays a intérêt à se spécialiser dans les secteurs d'activités où son avantage relatif en termes de productivité est le plus élevé ou bien son désavantage est le plus faible.

Si nous appliquons cette théorie dans notre cas, tous les hommes ont le même nombre d'heures dans la journée. Ce temps peut être investi dans n'importe quel domaine : vous pouvez l'utiliser pour trouver un remède à une maladie dans un laboratoire. Vous pouvez l'utiliser pour vous promener dans un parc. Vous pouvez aller sur une plage, où regarder un match de foot à la télé avec les amis. Il apparait selon mon opinion qu'utiliser ce temps pour trouver un remède à une maladie a plus de valeur que se promener sur la plage. Le principe de l'avantage comparatif veut que vous vous appliquiez à faire ce qui vous donnera un meilleur résultat, un bon retour sur l'investissement de votre temps. Vous êtes peut-être économiste, coiffeur, étudiant, ingénieur, médecin, écrivain, enseignants, homme d'affaires ou autre : demandez-vous que feriez-vous qui vous donnera une pleine satisfaction et un meilleur résultat et quelles activités seraient pour vous juste une perte de temps ? Trouvez le plus et le moins.

Beaucoup de choses que nous faisons ne sont pas mauvaises en soi mais elles ne méritent pas une attention égale. La meilleure manière de créer de la valeur ajoutée en vous c'est de découvrir votre sphère d'influence, ce que vous faites avec passion. Une fois vous l'avez découvert, faites tout ce que vous avez à faire de toutes vos forces et avec finesse.

Vous avez compris qu'il s'agit de créer le maximum de valeur en une heure. Qu'avez-vous décidé de faire différemment maintenant ? Comment allez-vous créer le maximum de valeur en une heure ? Comment allez-vous accroître votre valeur ajoutée ? Votre différence se trouve dans la valeur que vous créez.

Chaque heure de votre vie décide de votre futur, de votre valeur ajoutée. Qu'avez-vous fait avec le temps passé ? La qualité de l'usage du temps que vous faites en une heure de votre journée est déterminante pour votre vie. Si vous pouvez vous permettre de gaspiller une heure de votre temps alors vous pouvez le faire pour une journée. De la même manière Lorsque la valeur n'est pas créée dans une heure elle ne l'est pas pour la journée. Un jour alors que vous vous réveillez vous constaterez que vous avez 65 ans et déjà à la retraite après avoir consacré vos années de vigueur à servir quelqu'un d'autre. Voilà pourquoi même si vous commencez avec un emploi en dehors de votre vocation ne finissez pas votre vie dans ce système. Aujourd'hui si vous cherchez un travail, ne vous focalisez pas sur ce que pouvez y gagner comme salaire mais ce que vous pouvez y apprendre et qui vous conduira à votre vocation.

Le salaire est une compensation financière en échange de votre temps, donc de votre vie que vous avez donné à quelqu'un d'autre. La raison pour laquelle plusieurs sont bloqués à un emploi qu'ils n'aiment pas c'est qu'ils n'ont pas compris le principe de création de la valeur ajoutée. Trouver un emploi n'est pas l'élément le plus important d'une vie. La chose la plus importante c'est notre but ou encore notre vocation c'est-à-dire ce que nous ce que nous avons le devoir de découvrir et d'accomplir. Vous avez été mandaté d'une mission divine sur la terre afin de résoudre un problème particulier. Il est déplorable d'abandonner votre vocation au profit de la survie. Lorsque vous dédiez toute votre vie au système de l'emploi il vous traite comme des vaches à traire le lait. Mais un jour, la vache devient vieille et elle ne produira plus du lait, alors on fera recours aux autres vaches à qui elle a donné naissance qui continueront à fournir du lait que leur mère ne pouvait plus en donner. Lorsque vous êtes en retraite, vous devenez comme une voiture en fin de vie mis au garage. Parfois on peut vous recycler pour certaines petites tâches mais pas plus. Maintenant le système vous remercie d'avoir donné vos meilleurs jours et vous demande d'amener vos enfants continuer ce que vous ne pouvez plus faire. Sans même que le système vous le demande, parfois vous serez le premier à pousser vos enfants dans la servitude. Si vos enfants n'ont rien fait pour changer cela, ce sera le tour de vos petits-enfants de répéter le scénario.

Ne vivez pas les meilleures années de votre vie dans la servitude :

En réalité il n'y a pas un problème dans le fait d'avoir un emploi dans une entreprise privée ou dans le secteur public. Mais il y a un problème lorsque vous avez un emploi qui ne vous permet pas de créer de la valeur en vous. Vous passez huit heures de votre journée à faire un travail dans lequel votre productivité est minée et sous-valorisée. Il y a un problème lorsque vous travaillez juste pour survivre. Il y a aussi un problème quand vous êtes engagés dans des activités qui ne vous amènent pas à sortir le meilleur de vous-même. Il y a vraiment un problème quand vous continuez dans une voie qui ne vous mène nulle part.

Si vous voulez être maître de votre vie, alors vous devez être capable de déterminer ce que vous faites chaque instant de votre vie. Vous devez produire quelque chose avec chaque heure de votre journée, une chose tangible qui permettra d'ajouter de la valeur à vous même ou/et aux autres. Qu'allez-vous faire maintenant ? Quelle est votre décision ? Comment allez-vous commencer à créer de la valeur ajoutée ?

Créez et construisez votre valeur ajoutée :

Vous avez compris que si l'on ne valorise pas le temps alors on ne valorise pas la vie non plus. Peut-être que vous avez eu un jour le désir d'arrêter l'horloge pour que le temps ne passe plus afin d'en disposer assez pour accomplir vos tâches. Vous n'êtes pas le seul, mais nous n'avons pas le pouvoir de le faire. Alors que faire pour tirer le meilleur de votre temps ?

L'usage efficace du temps

L'usage efficace de votre temps peut se faire de trois façons différentes :

- *Investissez du temps en vous :*

, Investir du temps en vous est le meilleur moyen d'utiliser votre temps. C'est lorsque vous le faites pour un but constructif que vous devenez une personne de valeur. Certains dépensent leur temps et d'autres le gaspillent mais une personne de valeur utilise son temps pour se développer. Votre vie changera si vous comprenez que dans la vie vous ne pouvez pas donner ce que vous n'avez pas. Ce que vous avez c'est ce qui a été investi en vous. Les compétences que vous exercez dans votre travail aujourd'hui, vous les avez acquises avec du temps. Vous continuez à tirer les bénéfices de cet investissement à chaque fois que vous les utilisez. Le salaire qu'on vous paie est fonction des compétences que vous utilisez. Vous pouvez le faire à travers la solitude, la lecture, l'apprentissage, l'étude, la méditation, la réflexion sur un sujet donné.

- *Investir du temps dans la vie des autres :*

Les personnes qui ont de la valeur, ajoutent de la valeur aux autres. Ajouter de la valeur aux autres est le plus grand usage de la vie. Lorsque vous ne le faites pas, vous vivez simplement pour vous-mêmes et une vie centrée sur soi-même n'est pas une vie du tout. En tant que leader si vous voulez agir durablement, vous devez intentionnellement commencer à ajouter de la valeur aux autres aujourd'hui. Vous devez commencer à vous investir dans la vie des jeunes gens. Si vous êtes parent et que vous désirez un futur sécurisé pour vous et pour la génération après vous, vous devez commencer à ajouter de la valeur dans la vie de vos enfants. Il est dommage de voir que beaucoup de parents aujourd'hui n'ont pas du temps pour leurs enfants. Les enfants voient rarement leurs parents qui sont très occupés dans leurs emplois.

Voici une histoire triste d'un jeune garçon qui doit nous

interpeler : Il s'agit d'un homme qui revient tous les jours du travail à la maison tard, fatigué et en colère. Un jour alors qu'il rentrait tard du travail, il a retrouvé son garçon de 5 ans à la porte qui l'attendait :

- *« Papa est ce que je peux te poser une question ? »*

- « Oui bien sûr mon fils, quelle est ta question ? »
répliqua le papa

- « Combien on te paie en une heure ? »

Papa répondit avec un ton un peu agaçant :
- « Ça ne te concerne pas, fiston ! Pourquoi poses-tu pareille question ? »

- « Je veux juste savoir. S'il te plait papa, dis-le moi, combien tu gagnes en une heure ? »
Supplie le petit garçon

- « Si tu dois le savoir, je gagne 20€ par heure ».

- « D'accord, »
répondit l'enfant tête baissée.

Levant ses yeux, il demanda à son père :

- « Papa est ce que tu peux me prêter 20€, s'il te plait »

- « Que veux -tu faire avec ? »
répondit le papa en grognant.

- « Je veux acheter une heure de ta journée de demain »
répondit le garçon.

Si vous aviez le choix, préféreriez-vous avoir plus d'argent ou un avenir meilleur pour vos enfants ? Pensez-y.

- *Créez un produit :*

Tous les produits que nous utilisons aujourd'hui ont été fabriqués par quelqu'un : ce que nous portons, mangeons, l'endroit où nous logeons... Plusieurs personnes ont passé des heures de leur vie pour produire l'ordinateur, la tablette, le téléphone, les chaussures, les sacs. Les produits que vous générez montrent votre réelle valeur. Vous êtes responsable d'un problème irrésolu dans le monde. La solution réside dans le produit ou service qui doit sortir de vous. Aujourd'hui bien que Steve Jobs ne soit plus de ce monde, ses produits se sont répandus partout dans le monde : l'IPad, l'IPhone. Lorsqu'on voit ses produits, on se souvient de lui. Vous devez utiliser votre temps pour engendrer quelque chose avant de mourir.

Vos produits ou services mesurent votre valeur ajoutée

Un jour vous partirez de cette terre mais votre produit y restera. La meilleure manière de continuer à vivre, parler et influencer les autres après votre mort c'est à travers votre produit. Vous pouvez vivre plus d'un millénaire après votre mort. Créer votre valeur ajoutée, revient à convertir votre temps en produits tangibles. Prenons quelques exemples connus : lorsqu'on vous dit que la valeur ajoutée de Bill Gates est à plus de 80 milliards en 2017, on est en train de dire que l'entreprise qu'il a créée c'est-à-dire les produits de Microsoft ont une valeur proche de ce montant au cours de cette période. Si vous voulez mesurer la valeur ajoutée de mère Theresa, considérez les millions d'enfants qui ont été éduqués et nourris à travers elle dans le monde sans oublier le nombre d'organisations sociales qui ont vu le jour grâce à elle et le nombre de personnes qui seront inspirées par son histoire demain. Faites la même évaluation pour les personnes de l'histoire qui ont vécu en servant les autres. Vous avez peut-être déjà entendu parler de ces personnes : Moïse, l'apôtre Paul de Tarse, Martin Luther le réformateur, Isaac Newton, Albert Einstein, Louis Pasteur, Rosa Parks, Thomas Edison, Marie Curie, Henry Ford, Jeanne d'Arc, John Kennedy, Martin Luther King Junior, Malala Yousafzai, pour ne citer que ceux-là. Toutes ces personnes d'une manière ou d'une autre, ont contribué à la vie des autres dans leur génération. Recherchons donc à accroitre notre valeur ajoutée en créant des produits pour servir les autres. Convertissons notre temps en produits de valeur. Quelle valeur pouvez-vous apporter ? Quelle créativité allez-vous apporter pour valoriser un produit qui existe déjà ?

L'argent n'est qu'une mesure économique de la valeur ajoutée mais n'est pas la seule dans la vie. Pensez à la liste des personnes susmentionnées, l'héritage qu'ils ont laissé ne peut être évalué monétairement. Les milliards que quelqu'un possède ne peuvent pas acheter le fruit de leurs vies. Ils n'ont pas vécu pour eux-mêmes mais pour le bien de l'humanité. C'est d'ailleurs pourquoi nous parlons en termes de produits et services.

La plus grande richesse de la vie c'est le temps :

La plus grande richesse dans la vie ce n'est ni l'emploi ni le salaire ni l'argent. La plus grande richesse et la plus grande ressource dans la vie c'est le temps. En réalité l'argent n'est qu'une mesure matérialisée de la richesse. Puisque nous avons reçu la même quantité du temps, nous sommes donc équitablement riches en théorie.

Prenons le cas de deux personnes à qui l'on remet un kilogramme de graines de blé et leur dit de faire ce qu'elles veulent avec. Une personne peut décider de les préparer et les manger. Cette personne, une fois qu'elle prépare son plat et mange, bien qu'elle soit rassasiée, demeure pauvre. Pourquoi ? La consommation n'est pas la meilleure manière d'utiliser les graines. La deuxième personne une fois qu'elle reçoit les graines de blé, recherche la bonne terre et les ensemence pendant la bonne saison. Elle va encore plus loin : elle prend soin du champ dans lequel les graines ont été plantées jusqu'à ce que les plants de blé deviennent matures et portent du fruit. Cette personne aura l'air pauvre et affamée pendant une période mais elle deviendra riche après la récolte.

C'est le même scénario quand il s'agit de la richesse et de l'argent. L'argent est une forme de richesse mais ce n'est pas la plus grande forme de richesse. La plus grande forme de richesse c'est le temps. Vous pouvez convertir votre temps pour obtenir ce que vous voulez. Vous pouvez convertir votre temps pour créer des écoles, des orphelinats, trouver des vaccins, pour construire un bâtiment, obtenir de l'argent, pour créer des produits et services. Vous pouvez transformer le temps et obtenir de l'influence, vous pouvez obtenir des terres avec le temps. Tout ce que vous désirez obtenir vous pouvez l'avoir à travers le temps. Nous aborderons le principe de la conversion plus tard. Si vous pouvez devenir un expert de la conversion de votre temps, vous pouvez devenir tout ce que vous voulez dans la vie.

Le temps, la source des produits

Tout ce que nous voyons aujourd'hui est produit du temps. Tout est créé à partir du temps. Depuis l'enfance jusqu'à l'âge adulte, vous êtes le produit du temps. Vous étiez dans le ventre de votre mère pendant 9 mois avant de venir au monde. C'est ce temps d'incubation qui vous a donné naissance. Si vous pouvez observer la conception de l'enfant dans le ventre de sa mère jusqu'à l'accouchement, puis son évolution jusqu'à l'âge adulte, vous constaterez que c'est le temps qui permet ce processus. Lorsque l'enfant est nourri correctement le temps se charge du reste, il y a une certaine grâce et une certaine capacité dans l'enfant qui fait que la croissance est naturelle et non forcée.

Le livre que vous tenez dans vos mains a été créé par le temps : le temps de l'idée, des recherches, de l'inspiration, de la rédaction, de la correction, des retouches, de l'édition. Le temps est la monnaie d'échange pour obtenir les choses. Vous avez peut-être entendu dire que beaucoup de personnes à succès ont commencé à partir de rien, c'est à dire sans argent. Mais en réalité ils n'ont pas commencé à partir de rien mais avec du temps qu'ils avaient. Lorsque vous achetez un article dans une boutique vous achetez en effet le temps qui a été utilisé pour produire cet article. Le prix qui est affiché n'est pas le prix de la matière première qui a été utilisée pour la fabrication du produit mais c'est le prix du temps qui a été utilisé dans tout le processus de production et celui utilisé pour acquérir les compétences qui ont permis la fabrication. C'est d'ailleurs pourquoi le prix du produit fini est parfois plus de 10 fois supérieur au prix de la matière première extraite du sol. C'est pourquoi les nations qui savent transformer les matières premières ont de l'avance sur les autres. Elles fixent les prix et celles qui exportent leurs matières premières sont ignorantes de la valeur des produits. Vous payez donc le temps des personnes qui ont travaillé à la production de ce produit, ceux qui ont eu l'idée du produit. Vous payez le temps qu'ils ont pris pour ajouter de la valeur à leur vie. C'est d'ailleurs pourquoi les travailleurs reçoivent un salaire qui correspond au temps qu'ils ont dépensé. Un mois de salaire est un échange de votre vie contre un montant d'argent. C'est une estimation de votre valeur ajoutée sur cette période.

Utilisez le temps pour vous construire :

Vous pouvez décider de la valeur ajoutée que vous voulez voir en vous. Vous pouvez devenir un ingénieur, un médecin, un enseignant, un scientifique, un coiffeur, un maçon, un électricien, un architecte, un cuisinier, un footballeur, un réalisateur de film, un danseur professionnel, un artiste peintre, un chauffeur, un concepteur de jeux vidéo, un graphiste, un programmeur en informatique, un écrivain, un orateur, un chanteur, un pianiste, ... à partir du temps. Il est cependant important d'ajouter que vous n'aurez pas la même facilité et satisfaction dans tous les domaines. Vous le feriez avec plaisir si vous choisissiez le domaine de votre vocation. Si votre vocation c'est devenir un architecte alors ce serait perdre du temps à convertir vos heures dans la médecine. Vous ne serez pas satisfait et accompli dans la médecine.

Vous avez déjà observé les poissons dans l'eau et vous avez certainement remarqué comme ils sont épanouis et y nagent agréablement. C'est le meilleur environnement pour eux, ils sont faits pour vivre et nager dans l'eau. Il existe pour vous aussi un domaine dans lequel vous serez naturellement épanouis. Vous ne serez productif que dans cet environnement. Un lion malgré sa force, aura beaucoup à se battre s'il est engagé dans l'eau, son énergie et sa force seront dissipées dans le courant d'eau et risque même d'être emporté. Le Lion est fort dans la jungle. Si vous vous battez en dehors de votre environnement, vous ne pouvez pas être productif. Vous gâcherez votre temps et votre énergie.

Comment construire votre valeur ajoutée ?

Comment accroissez-vous votre valeur ajoutée dans une heure de la journée ? Nous avons parlé dans le chapitre précédent que la première étape pour maximiser votre temps est de découvrir votre vocation. C'est la première des choses avant de commencer le voyage vers la création de votre valeur ajoutée. Une fois que vous avez découvert votre vocation, vous devez vous assurer que vous convertissez chaque minute et chaque heure de votre journée en ajoutant de la valeur dans le domaine de votre vocation. A chaque heure qui passe, vous devez vous demander : ce que je fais maintenant m'ajoute-il de la valeur par rapport à ma vocation ? Cela me rend-il meilleur ? Ces informations auxquelles j'ai accès m'avancent-elles ? Est-ce que cette réunion ou cette conférence à laquelle j'assiste me construit-elle ? Comment les choses auxquelles je suis exposé à longueur de la journée m'ajoutent-elles de la valeur ? Nous verrons dans le chapitre suivant comment vous pouvez appliquer certaines lois pour que votre valeur accroisse considérablement. Toutes ces questions vous permettent de vous éloigner des distractions. Vous donnerez du sens à chaque heure de votre journée que vous convertissez en valeur. Vous serez plus conscient du temps que vous disposez.

La différence entre les gens ce n'est pas la couleur de leur peau, ce n'est pas leur pays d'origine, ce n'est pas la situation économique de leur pays, ce n'est pas leur race, ce n'est ni leur taille ni leur poids, mais ce qu'ils font de leurs heures dans une journée. C'est la valeur ajoutée qu'ils sont capables de créer en une heure. Demandez-vous : quelle est la valeur dont je suis capable de créer dans une heure de ma journée ? Ai-je réussi à produire des biens et services concrets ? Quelle valeur suis-je en train d'ajouter en moi ? Est-ce que je pense à ajouter de la valeur aux autres ? Quelles sont les actions que vous voulez mettre en œuvre pour augmenter votre productivité ?

Comment accroitre votre valeur ajoutée ?

Nous avons appris comment créer et bâtir votre valeur ajoutée, maintenant focalisons nous sur les principes et les moyens pour faire accroître continuellement cette valeur ajoutée. Créer sa valeur ajoutée n'est pas suffisant, nous avons besoin de trouver les moyens pour la faire grandir à tout moment.

Vous devez chercher les idées et les stratégies qui permettront à votre valeur ajoutée de s'accumuler. Vous ne pouvez pas vous contenter de rester dans la moyenne. Vous ne pouvez pas vous plaire non plus dans la médiocrité. Vous ne pouvez pas accepter moins que votre essence.

Quelles stratégies appliquer ? :

Commençons par les stratégies qui vous permettrons d'accroitre votre valeur ajoutée. Augmenter cette valeur commence par découvrir votre vocation et vous engager très tôt à ajouter de la valeur en vous. A quel point avez-vous pris conscience que

Votre valeur ajoutée s'accroit toujours à travers l'éducation personnelle.

vous devez vous croître ? Combien d'heures par jour consacrez-vous à ce sujet ? Vous devez réaliser que le niveau de valeur que vous pouvez créer à l'extérieur de vous-même dépend de la valeur que vous avez créée en vous.

Pensez au carburant que vous mettez dans votre voiture, c'est la quantité que vous y mettez qui détermine la distance que vous pouvez parcourir et là où vous pouvez aller. Jusqu'où êtes-vous prêt à aller dans la vie ? Cela dépend en partie de ce qui est à l'intérieur de vous. Pour qu'une voiture produise un kilomètre de parcours il lui faut une certaine quantité de carburant. *Par exemple en 2015 en France, selon STATISTA, la moyenne de la consommation des voitures particulières diesels et essences est de 6 litres et demi pour une distance de 100km.* Si quelqu'un quittait Paris pour Marseille avec une distance moyenne de 800 km, il devrait disposer de 52 litres de carburant pour y aller. S'il en a moins il ne pourra pas atteindre sa destination.

La quantité de valeur que vous avez en vous détermine la valeur du produit que vous pouvez créer. C'est la raison pour laquelle beaucoup de personnes influentes dans leur domaine sont des lecteurs. Les gens qui réussissent aiment s'accrocher aux livres. Par exemple Bill Gates qui est aujourd'hui l'homme le plus riche dans le monde lisait depuis son enfance un livre par semaine. *Quelqu'un a dit que les leaders sont des lecteurs.* Les hommes de valeur cherchent constamment à ajouter de la valeur à leur vie. Dans le peu de personnes qui connaissent ce principe, peu y adhèrent. Si nous voulons nous élever dans la vie, nous devons être prêts à nous engager intentionnellement dans notre éducation et notre développement personnels. Votre valeur ajoutée s'accroit toujours à travers l'éducation personnelle.

Comment faire ?

Vous ajoutez de la valeur à vous-même lorsque vous cherchez continuellement les opportunités pour vous éduquer. Vous

---
Chaque être humain est une bibliothèque ambulante...

---

recherchez les ressources et les matériaux qui vous permettront d'accroître votre valeur. Vous choisissez les bonnes formations qui vous aideront à rencontrer de bonnes personnes. Vous ajoutez de la valeur en vous lorsque vous posez de bonnes questions aux personnes qui sont autour de vous. Nous devons apprendre à poser les questions aux personnes que nous rencontrons dans la vie. Chaque être humain est une bibliothèque ambulante, certains sont remplis plus que d'autres mais nous pouvons apprendre de tout le monde. Nous vivons dans un monde qui encourage seulement la superficialité et les apparences. Nous manquons ainsi l'opportunité d'apprendre des autres. L'orgueil humain fait que plusieurs veulent parler pour étaler leur connaissance et peu écoutent. C'est votre capacité à poser de bonnes questions et à écouter qui vous donne aux richesses enfouies dans les autres.

Plus vous posez des questions, plus vous en savez. Posez des questions à ceux qui font mieux que vous. Posez des questions à vos mentors. Quand vous rencontrer quelqu'un qui a déjà accompli quelque chose que vous voulez faire posez-lui des questions. Comment avez-vous fait pour y arriver ? Quels principes avez-vous suivi pour y arriver ? Quelles sont les obstacles et les difficultés que vous avez surmontés ? Qu'avez-vous fait pour les résoudre ? Quels sont les conseils que vous donneriez à quelqu'un qui veut vous emboiter le pas ? Posez les questions qui sont importantes pour votre vie. Les bonnes questions vous donnent les bonnes réponses. Les bonnes réponses vous aident à accroître de la valeur. Qui voulez-vous rencontrer ? Quelles sont les questions que vous voulez lui poser ? Quand est-ce que vous planifiez de le rencontrer ?

Augmentez votre valeur ajoutée à travers la diligence :

C'est la qualité de votre labeur qui vous permettra d'accroitre votre valeur ajoutée. Nous vivons dans un monde superficiel où les gens préfèrent se limiter à un travail bâclé, minable et de mauvaise qualité. Mais ceux qui veulent accroître leur valeur ajoutée sont prêts à faire un travail de qualité.

La qualité de votre labeur détermine votre valeur ajoutée. Le monde paiera tout et n'importe quelle somme pour un homme qui peut non seulement bien faire son travail mais aussi avec excellence. Il y a des enseignants et des enseignants excellents, des ingénieurs et d'excellents ingénieurs, il y a des musiciens et ceux que les gens veulent écouter. Ce qui fait la différence entre ces catégories relève de la qualité de leur travail. Il y a certaines personnes qui attendent qu'on les surveille afin qu'elles produisent un travail de qualité. Ce fait distingue les pays qui avancent et ceux qui sont en arrières.

Quelle est la qualité de votre travail en tant qu'employé dans une entreprise ? Si vous travaillez dans le secteur public êtes-vous soigné dans ce qu'on vous a confié ? Peut-on vous évaluer sur un même plan que tous les travailleurs du monde dans votre domaine ? Pouvez-vous vous engager dans une compétition internationale ? Etes-vous prêt à vous tenir tête haute si on compare votre travail à celui des autres.

Que faites-vous lorsque vous avez une heure à votre disposition ? Pendant que quelqu'un est sur les réseaux sociaux, un autre est en train de travailler diligemment. A la fin de la journée les deux personnes n'auront pas la même valeur ajoutée. Nous devrions faire attention à la qualité que nous apportons à notre travail en une heure. Que faire pour améliorer la qualité de votre travail ?

Prêtez attention aux détails :

L'excellence est constatée dans votre attitude par rapport aux petites choses. Si vous arrivez à être diligent avec les petites

---

Tout ce que vos mains trouvent à faire, faites-le de tout votre cœur.

choses alors vous serez une personne de qualité. Pour une telle personne, il n'y a rien d'insignifiant. L'excellence se trouve dans les petites choses : c'est prêter un maximum d'attention aux détails. Vous vous ajoutez de la valeur par la qualité de ce que vous faites. Si vous avez une culture qui fait attention aux petits détails alors l'excellence sera à votre portée. Avez-vous pris l'engagement de faire tout en donnant le meilleur de vous-même ?

Les personnes de valeur se disciplinent pour des choses de valeur. Tout ce que vos mains trouvent à faire, faites-le de tout votre cœur. Si vous faites votre travail en recherchant la qualité et en prêtant attention aux détails alors vous serez une personne de valeur. Nous trouvons de moins en moins de personnes qui aspirent à la qualité et qui font attention aux détails. J'espère que vous en ferez partie. Voulez-vous devenir un homme de poids ? Plusieurs personnes malheureusement attendent que les choses importantes viennent à elles avant de commencer à donner le meilleur d'eux-mêmes. SI Vous attendez les choses importantes avant d'emprunter le chemin de l'excellence, elles n'arriveront peut-être jamais. La qualité commence dans les petites choses.

« *Si je ne peux pas faire de grandes choses alors je ferai les petites choses de la meilleure façon possible.* » Martin Luther

King Junior

Le pouvoir de l'attitude :

Une mauvaise attitude vous empêchera toujours de penser proprement. Il vous sera difficile de vous focaliser sur les bonnes choses. Beaucoup d'opportunités vous échapperont à cause de vos préjugés et de la mauvaise attitude. Les gens qui critiquent toujours n'apprennent rien. Ils sont toujours perdants. Une personne critique, suspicieuse ne peux pas ajouter de la valeur à sa vie. Une âme remplie d'amertume, de colère et des ressentiments ne peux pas avoir un bon jugement. Elle manquera de discerner les trésors enfouis en quelqu'un d'autre.

Avec une bonne attitude vous pouvez conquérir vos ennemis sans utiliser une épée. Vous apprendrez leurs stratégies sans être critique envers eux. Une bonne attitude vous donne de l'influence et des partenaires. Ceux qui s'opposent à vous deviendront vos amis. Nous devons cultiver une attitude de passion et d'humilité qui a soif de savoir, d'apprendre des autres.

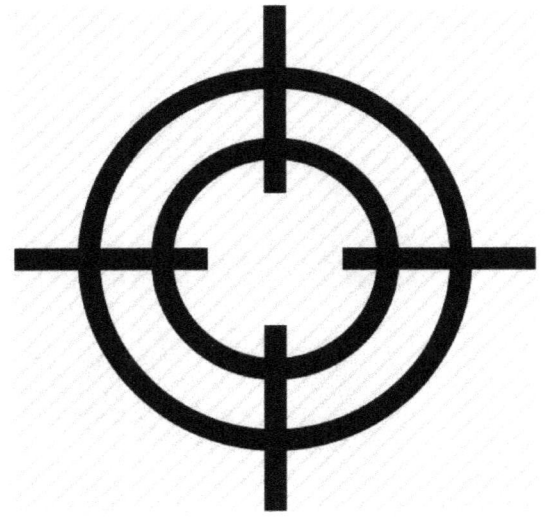

Fixez à l'avance la valeur ajoutée comme un but :

Savez-vous que vous pouvez déterminer votre valeur ajoutée sur la terre ? Savez-vous que vous pouvez vous fixer une valeur à atteindre dans les années à venir et avec un plan d'action l'accomplir ?

Tout homme a une valeur mais tout homme n'a pas de valeur ajoutée :

Il a été donné à tout homme une valeur de base ou un capital pour commencer dans la vie. Comme dans un marché, chacun

Le capital de base que nous possédons tous est celui du temps.

utilise son capital pour faire du commerce. En achetant et vendant, certains ont augmenté leur capital. Mais malheureusement un grand nombre de personnes ne sont pas conscients de ce capital. Le capital de base que nous possédons tous est celui du temps. Nous avons déjà établi que nous sommes tous potentiellement riches équitablement ; une même mesure de temps a été donné à tous . Pendant que certains vivent sans valoriser leur temps consciencieusement, d'autres en sont conscients et font du commerce judicieusement avec. Le Créateur a fait des dons à chaque être humain venant dans ce monde. Il nous a donné la richesse du temps. Il nous donne ce dont nous avons besoin tous les jours pour accomplir notre vocation.

Nous avons le choix de ce que nous décidons de faire

avec cette richesse. Nous devons payer le prix pour sortir de l'ignorance et accéder à la connaissance dont nous avons besoin pour accomplir notre vocation. Il nous a été donné plusieurs ressources qui sont à l'intérieur de nous et autour de nous. Ces ressources peuvent être converties pour accomplir notre vocation. Vous avez reçu par exemple les mains, les pieds, les yeux, les oreilles, le nez. Certains comme Nick Vujicic sont venus sur terre avec des membres en moins mais ont quand même fait la différence. Nous n'avons vraiment pas d'excuses.

Notre plus grande dotation est le temps :

Le temps est la plus grande ressource dont nous avons été dotés. Le Créateur est fidèle et juste par rapport à tout homme en établissant des lois qui fonctionnent sur la terre pour tout le monde. Le temps est l'une des lois qu'Il a établies. La clé qui permet de maximiser et de concrétiser cette richesse est ce que nous avons appelé : la conversion. Nous avons aussi déjà souligné que le plus grand outil qui nous a été donné pour convertir notre temps est le travail. Nous devons saisir l'importance de cet instrument qui est le travail. C'est le travail qui permet d'utiliser le temps pour produire et sans cet outil nous gaspillerons nos ressources.

Souvent certaines personnes ont l'impression qu'elles peuvent réaliser les mêmes tâches que les autres font sans efforts grâce à leur compétence. Elles se disent qu'elles pourraient gagner la même somme d'argent. Prenons le cas des sportifs de haut niveau. Beaucoup critiquent les sommes d'argent que ces sportifs reçoivent qu'ils soient footballeur, boxeur, joueur de tennis. Loin de faire une polémique sur les montants gagnés il faut néanmoins souligner que ces sportifs ne reçoivent pas uniquement le salaire du jeu qu'ils ont fait pour égayer les autres. Ils sont payés pour le temps qu'ils ont investi pour ajouter de la valeur en eux. C'est le niveau auquel ils ont exercé leur talent et combien ce niveau à atteindre est rare qui déterminent ce qu'ils reçoivent comme compensation monétaire.

Ceux que vous admirez ont enduré la douleur pour créer de la valeur en eux à travers le temps. Ils n'ont pas juste laissé le temps passer même si les circonstances étaient difficiles. Tout le monde souffre pour créer de la valeur en lui. Personne n'est épargné. Les gens souffrent, travaillent dur et endurent. Beaucoup de personnes ont créé de la valeur en eux à travers des temps difficiles.

Le processus peut être douloureux !

Lorsque vous entamez le processus par lequel vous ajoutez de la valeur en vous, personne ne voit ni les produits ni les résultats. Le processus masque le produit et révèle le produit seulement à la fin. Voici une illustration qui peut vous aider : avez-vous déjà visité un chantier en construction ? Qu'avez-vous vu sur le chantier ? Vous voyiez peut-être de la poussière, des trous pratiqués dans le sol. Il n'y avait rien d'attractif à vos yeux à propos du chantier. Pourquoi ? Parce que le site était dans un processus et le processus cache la beauté de ce qui est en train d'être construit. Vous ne le voyez peut-être pas aujourd'hui mais dans un moment vous verrez l'édifice s'ériger. Vous serez étonnez de voir ce que ce site est en train de devenir après quelques mois. C'est exactement ce qui se passe quand vous construisez votre vie.

Le processus par lequel vous créez de la valeur en vous est douloureux surtout au début. Votre corps vous donnera toutes les raisons pour ne pas continuer la discipline personnelle dans laquelle vous vous êtes engagé. Quand vous commencez à vous entrainer quelques heures ressembleront à des journées et des jours comme des décennies. Mais si vous pouvez continuer à vous entrainer, à créer de la valeur en vous, alors sans doute vous serez un champion en quelques temps et le monde entendra parler de vous à commencer par votre environnement.

Vous devez croire en votre activité, ce que vous êtes en train de faire. Vous devez aussi croire en ce que vous pouvez faire. Vous devez faire confiance au processus et avoir la foi dans le produit futur que vous êtes en train de devenir. Au-delà de ce qu'on vous a enseigné ou qu'on vous enseigne à l'école, apprenez quelque chose de nouveau pour révéler une autre facette de vous. Vous devez creuser, aller en profondeur et faire plus que ce que l'école vous demande si vous êtes étudiant.

Endurez le processus à travers lequel vous vous ajoutez de la valeur.

Lorsque vous commencez à passer du temps pour ajouter de la valeur en vous, cela peut sembler être une perte. Comme si vous vous punissiez vous mêmes. Vous pouvez penser être associable et ignorant. Mais sachez que quel que soit le temps que vous avez passé pour ajouter de la valeur en vous, ce n'est pas une perte. Le temps n'est jamais perdu s'il est utilisé pour créer de la valeur en vous-mêmes ou ajouter de la valeur aux autres. La qualité du temps que vous passez à créer de la valeur en vous est proportionnelle à celle que vous ajouterez aux autres et à votre monde. La qualité du temps que vous avez pris pour ajouter de la valeur en vous n'est donc pas une perte. Choisissez alors d'investir votre temps dans la vie de personnes responsables qui vous rendront compte. Quand vous investissez votre vie dans les autres, enseignez-leur la responsabilité, comment mettre en pratique ce qu'ils apprennent et vous aurez des résultats. Assurez-vous que vous vous dupliquez dans les autres en termes de valeurs et qu'ils sont capables de faire ce que vous faites. Ils doivent être en mesure de reproduire vos résultats et mieux faire.

Il se pourrait que vous ayez besoin des heures pour ajouter de la valeur dans le domaine que vous avez choisi. Peu importe le temps que cela vous prendra ne vous arrêtez pas de travailler. Beaucoup de personnes abandonnent très vite au stade de l'entrainement. Ils laissent le champ de la préparation et tournent le dos à leur appel. Peut-être que personne ne vous invite à aucun évènement aujourd'hui ou qu'il n'y a rien d'important qui s'annonce à l'horizon, mais vous devez continuer à créer votre valeur ajoutée en vous entrainant.

Quand vous remarquez une personne diligente dans son travail ce n'est qu'une question de temps avant que cette personne devienne influente dans son domaine. Généralement personne ne remarque vos efforts lorsque vous avez commencé à ajouter de la valeur en vous sur une certaine période donnée, parce que vous n'avez rien de concret à montrer aux gens. Peut-être que cette valeur que vous créez en vous n'est pas encore visible, mais si vous savez ce que vous êtes en train de faire et que vous croyez en la qualité que vous formez en vous alors continuez à vous entrainer.

Si vous pouvez seulement endurer le processus, le jour de la rétribution arrivera.

La valeur que vous avez créée aujourd'hui en vous parlera

plus tard pour vous. Elle vous récompensera, elle va faire votre publicité et le monde vous connaîtra. Si vous pouvez seulement continuer à être diligent dans votre travail. Ces petites heures que vous utilisez maintenant pour ajouter de la valeur à votre vie maintenant vous apporteront demain du pain et seront vos finances.

Sachez que la création de valeur est cumulative. Autrement dit chaque petit effort que vous réalisez aujourd'hui sera ajouté à l'effort de demain. Si vous continuez dans la durée sans vous arrêter alors ces petits efforts feront de vous une grande personnalité. Connaissez-vous l'histoire du bambou chinois ? Le bambou chinois lorsqu'il est planté en terre, met 4 ans pour pousser et la 5ème année, il sort et sa taille est fulgurante. Imaginez ce que serait ce bambou si la personne qui l'a planté, abandonnait ? S'il arrêtait d'arroser et de fertiliser en se disant que ses efforts n'aboutissaient à rien. S'il abandonnait très tôt, rien ne se passerait. Le succès est ainsi. Vous ne devez pas vous arrêter à arroser et fertiliser votre vie en investissant en vous, vous serez un champion plus tard. Votre manifestation est cachée dans les semences que vous plantez chaque jour. Si vous continuez à entretenir et à croire, cela germera correctement et la moisson ne tardera pas.

Dans la deuxième étape de maximisation de votre temps, nous

avons appris comment créer de la valeur en vous et faire la différence dans votre génération.

Nous voici à la fin de la première partie de notre défi : maximiser notre temps. Je vous invite à prendre un temps de réflexion pour digérer ce que vous venez de lire avant de passer à la deuxième partie. Je vous annonce que la seconde partie sera encore plus intense alors attachez vos ceintures.

Je vous félicite pour l'effort que vous avez fait jusqu'ici. Vous êtes sur la bonne voie. Vous avez commencé à réaliser le sens de votre vie.

Dans l'étape suivante nous allons apprendre les principes qui vont nous permettre de gérer le quotidien afin de tirer le maximum de profit à travers le temps qui ne fait que passer.

Table des matières

Préface 8

Introduction générale 9

TROUVEZ le sens de votre vie 18

    Qui Suis-Je ? Une question d'identité 29

    Qu'est-ce que je peux faire ? Comprendre le potentiel 40

    Pourquoi suis-je sur terre ? Une question du but 49

    Où suis-je en train d'aller ? Une question de destinée 56

    Votre système de valeurs et de croyances 71

    Aspects Pratiques 82

EMBRASSEZ votre différence 95

    Vous avez déjà de la valeur 98

    Comment accroitre votre valeur ajoutée ? 123

    Fixez à l'avance la valeur ajoutée comme un but 132

Notes et Références 143

Notes et Références :

Sunday ADELAJA, *Who am I? Why am I here?, How to discover your purpose and calling in life* , Golden Pen Publishing, 2016

Myles MUNROE, *Unlock Your Potential: Becoming Your Best You,* Destiny Image, Inc, 2013

Achille WEALTH, *LE POUVOIR DU TALENT : Libérez Votre Talent et Manifestez Votre Grandeur*, 2014

Zig &Tom ZIGLAR, *Born to Win*, Ziglar Inc 2014, [Part 1, chapter 4]

Sunday ADELAJA, *Create Your Own Net Worth*, Golden Pen Limited, 2017

---

[1] dicocitations.lemonde.fr/citations/citation-91701.php

[2] Bible : voir Ecclésiaste 9.4

[3] Cette anecdote je l'ai réadaptée d'une histoire du livre « Who am I » du Dr Sunday ADELAJA

[4] Sources : fr.wikipedia.org

[5] https://www.audiology.org/news/musician-neuroscientist-interview-daniel-levitin-phd-author-your-brain-music

[6] www.brainyquote.com

[7] www.brainyquote.com/authors/abraham_maslow

[8] http://cdvorleans.free.fr/Textes01-09.htm

[9] https://quotefancy.com/quote. Traduit de l'anglais

[10] Sources : fr.wikipedia.org

www.ingramcontent.com/pod-product-compliance
Lightning Source LLC
Chambersburg PA
CBHW020006050426
42450CB00005B/334